高校课程思政教学路径探索

杨 媚 ◎ 著

中国书籍出版社
China Book Press

图书在版编目（CIP）数据

高校课程思政教学路径探索 / 杨媚著 . -- 北京：中国书籍出版社，2024.4

ISBN 978-7-5068-9849-2

Ⅰ.①高… Ⅱ.①杨… Ⅲ.①高等学校－思想政治教育－教学研究－中国 Ⅳ.① G641

中国国家版本馆 CIP 数据核字（2024）第 080452 号

高校课程思政教学路径探索
杨 媚 著

图书策划	成晓春
责任编辑	李倩倩　成晓春
封面设计	守正文化
责任印制	孙马飞　马 芝
出版发行	中国书籍出版社
地　　址	北京市丰台区三路居路 97 号（邮编：100073）
电　　话	（010）52257143（总编室）（010）52257140（发行部）
电子邮箱	eo@chinabp.com.cn
经　　销	全国新华书店
印　　刷	天津和萱印刷有限公司
开　　本	710 毫米 ×1000 毫米　1/16
字　　数	212 千字
印　　张	12
版　　次	2025 年 5 月第 1 版
印　　次	2025 年 5 月第 1 次印刷
书　　号	ISBN 978-7-5068-9849-2
定　　价	80.00 元

版权所有　翻印必究

前 言

高等教育的本质是全面育人，高校思想政治理论教育的本质亦是育人，但更注重对人的理想、信念的培养。这要求我们在办学过程中，要以立德树人为根本任务，在教育教学的所有环节都要坚持知识传授和价值引领相结合。课程思政正是实现两者有机结合的现实路径。

思想政治教育是对人全方位、立体式的影响。高校思想政治理论教育不能局限于思想政治理论课，要发掘其他各类课程的思想政治理论教育资源，构建高校思想政治教育课程体系。这个体系就是"大思政"体系。它既可整合思政课程和专业课程，增强学科建设协同性，也可以有效贯通课堂教学和实践教学，提高两个课堂的融合度，更可吸纳思政课教师、非思政课教师、高校管理队伍共同参与，提升资源整合度。

在高校的思想政治教育课程体系建设中，课程思政作为其核心理念，起到了发扬思想政治理论课在价值观引导中"群舞中领舞"的作用。通过"大思政"体系建设，可以实现在价值观培养中"共舞中共振"效应，突破思想政治教育过于集中于"点""线"的瓶颈，把思想政治理论教育与专业教育变为一个协调同步、相得益彰的过程，实现在课堂教学主渠道中全师资、全过程、全方位的立体化育人。

课程思政作为一种教育理念，其建设目标是要构建起一套完整的、科学的高校课程思政育人的体系。该体系以综合性素质课程为支柱，以思想政治理论课为核心、以专业的教育课程为辐射，大力落实教师教书育人的职责，充分发挥课程的育人功能，使思想政治教育课程与各类学科课程良好配合，从而进行全员、全方位、全过程层面上的育人活动。为此，开展课程思政研究，需要系统阐述思想政治理论教育课程体系的理论内涵、具体范畴和学理依据，整体勾画"课程思政"理论内涵、基本范畴和学理依据；需要具体深入高校思想政治理论课课程建设研究、综合素养课程的思想政治理论教育研究、专业教育课程的思想政治理论教育研究；需要加强教师课程思政意识与能力研究；需要围绕高校思想政治理论教育课程体系建设管理体制和机制开展研究。

  本书主要针对高校课程思政教学路径展开探索，第一章概要叙述了课程思政，从三个方面进行概述，分别是课程思政的基本概念、课程思政的功能以及课程思政的要求；第二章对高校课程思政进行了简要分析，从两个方面展开叙述，分别是高校课程思政与思政课程关系辨析以及高校课程思政的现状；第三章主要讲述高校各学科专业课与课程思政的协同模式，从三个方面展开分析，分别是高校各学科专业课与课程思政的相互协同模式的理论诠释、高校各学科专业课与课程思政的相互协同模式构建的困境以及高校各学科专业课与课程思政的相互协同模式的路径分析；第四章主要讲述高校专业课与课程思政融合实践，从两个方面展开分析，分别是高校自然科学类专业课程与课程思政相融合以及高校哲学科学类专业课程与课程思政相融合；第五章主要讲述高校课程思政的深化推进，从五个方面展开分析，分别是强化组织领导和科学把握工作原则、明确并坚持课程思政目标、打造"三位一体"课程体系、不断优化教学实施、不断推进教师队伍建设。

  在撰写本书的过程中，作者参考了大量的学术文献，得到了许多专家学者的帮助，在此表示真诚感谢。由于作者水平有限，书中难免有疏漏之处，希望广大同行及时指正。

2024 年 4 月

目 录

第一章 课程思政概述 ·· 1
    第一节 课程思政的基本概念 ··· 1
    第二节 课程思政的功能 ·· 11
    第三节 课程思政的要求 ·· 22

第二章 高校课程思政简要分析 ··· 24
    第一节 高校课程思政与思政课程关系辨析 ··· 24
    第二节 高校课程思政的现状 ·· 28

第三章 高校各学科专业课与课程思政的协同模式 ···································· 37
    第一节 高校各学科专业课与课程思政的相互协同模式的理论诠释 ····· 37
    第二节 高校各学科专业课与课程思政的相互协同模式构建的困境 ····· 49
    第三节 高校各学科专业课与课程思政的相互协同模式的路径分析 ····· 62

第四章 高校专业课与课程思政融合实践 ·· 91
    第一节 高校自然科学类专业课程与课程思政相融合 ··························· 91
    第二节 高校哲学社会科学类专业课程与课程思政相融合 ·················· 131

第五章 高校课程思政的深化推进·······················155
　第一节 强化组织领导，科学把握工作原则···············155
　第二节 明确并坚持课程思政目标·······················159
　第三节 打造"三位一体"课程体系·······················163
　第四节 不断优化教学措施·····························168
　第五节 不断推进教师队伍建设·························172

参考文献···185

第一章 课程思政概述

《中共中央关于党的百年奋斗重大成就和历史经验的决议》指出:"党和人民事业发展需要一代代中国共产党人接续奋斗,必须抓好后继有人这个根本大计。"中国共产党要培养的人是德智体美劳全面发展的社会主义建设者和接班人,是担当民族复兴大任的时代新人。正是立足于这样的战略高度,我们党把立德树人作为教育的根本任务。习近平总书记在多个场合对"立德树人"这一重要命题进行了阐释,突出了"明大德、守公德、严私德"[①]的重要性。在新的时代背景下,如何抓好"后继有人"的根本大计、回答好"怎样培养人"这一立德树人的重要问题,关系到党和国家的前途命运,这也就为思想政治教育赋予了新的挑战和任务。

课程思政就是提升新时代思想政治教育质量的关键一招。课程思政建设紧扣人才培养质量这一关键点,其与思政课程的交互既是在"术"的层面革新教育生态,更是在"道"的层面实现育人智慧的升华。事实上,课程思政不是增开一门课,也不是增设一项活动,而是要充分体现每一门课程的思政功能、每一位教师的育人责任。如何认识、践行课程思政,使思想政治教育在教学中从外围走进核心、从外塑走向内驱,需要进行系统性、体系化的思考。

本章概要论述了课程思政,从三个方面展开叙述,分别是课程思政的基本概念、课程思政的功能以及课程思政的要求。

第一节 课程思政的基本概念

所谓"课程思政",指的是"课程"与"思政"的有机融合,因此,为了明确"课程思政"的内涵,就必须详细了解"课程"与"思政"的相关含义。此外,为了

---

① 新华网.在重庆团,习近平为领导干部讲授"政德"课[EB/OL].(2018-3-11)[2022-7-6].http://www.moj.gov.cn/pub/sfbgw/gwxw/ttxg/201803/t20180311_165381.html.

更好地了解"课程思政",也需要提前明确界定其与"学科德育"在内涵和适用性上的差异与协同。

一、"课程"与"思政"的概念

从字面上来看,"课程思政"与"思政课程"使用了完全相同的四个字;从词语的角度上来看,二者也都是由"思政"和"课程"这两个完全相同的词语组合而成的,二者仅有顺序区分,然而也正是这顺序的不同,导致了二者表达含义的完全不同。

当前我们常说的"课程"最早起源于西方,派生自拉丁文"currere",用来表示学习的进程(Course of Study)。在不断地发展与研究之下,当前对课程主要有以下几种理解:

第一,认为课程等同于教学内容,旨在完成相应的教学目标而开展教学科目及其具体实施过程。

第二,认为课程是教学学科,既可以是教学科目的总和,也可以指代某一单独的学科。

第三,认为课程是一种教学的进程,涵盖着学生的不同学习阶段以及不同学习内容。

第四,认为课程是一种经验,由学校准备以帮助学生完成对应的教学目标。有的学者将这种学习经验划分为显性课程经验与潜在课程经验。

在上述对于课程的各种理解当中,可以看出课程所强调的相关内容,例如,强调教学目标、教学计划、学习经验等。也就是说,课程就是依据国家、社会的人才培养方案,有针对性、有目的、有计划地进行教学内容与活动的安排。学生应该严格遵守课程安排,去按质、按量地完成相关教学内容,实现教学目标。对于中小学来说,语文、数学、英语这一类的学科就是课程,也被称为科目,此时科目、学科、课程三者表达的含义一致。而对于大学来说,课程指的是专业下所设置的每一门具体的课程,与学科是完全不同的两种概念。但是,无论是大学还是中小学,完整的课程都需要由多个不同的环节共同构成,例如,教学目标、教学计划、教学大纲、教学手段、教学内容、教学评价、受教育者、教育者、教材等。如果没有课程,那么就无法将知识系统化地教授给学生,由此可见,课程具有十分重要的作用和地位。

所谓的思想政治教育就是"思政","是教育者按照一定的社会或阶级的要求,有目的、有计划、有组织地对受教育者施加系统的影响,把一定的社会思想和道德转化为个体的思想意识和道德品质的教育"[①]。从根本上来说,满足社会与人的发展需要,才是思想政治教育的意图所在。受教育者不断地提升自己的思想、政治、道德水平,不断完善自我,使自己得到全面发展,从而能够更好地适应社会的发展进程,同时还能为社会未来的发展与建设出一份力。思想政治教育的核心由思想、政治、品德三个方面的内涵所构成,为使受教育者能够更加符合社会的要求,教育者就必须将符合社会需求的道德、思想、政治、品德等方面的内容源源不断地传授给受教育者。客观存在于人脑之中,并经由思维活动而产生的相关结果,就是思想,有些时候也称其为"观念"。因而思想教育从根本上而言,就是塑造受教育者世界观的教育。政治,归根结底也是一种人的意识,但是却与普通的、常见的意识不同,政治来源于上层建筑,是一种与意识形态相关的内容。因此,所谓政治教育,旨在让受教育者形成特定的立场与政治观念,这种立场与政治观念应当符合统治阶级的相关需求。至于品德,指的是一种稳定的心理特征与心理倾向,由那些具备良好道德水准、遵守社会规范的人所具有。因而品德教育的根本就在于社会所要求的道德水准与道德规范。品德教育,目的就是培育出拥有这些道德水准、道德规范的相关人才。随着时代的发展与社会的进步,思想政治教育的相关内涵也随之改变。结合时代特征与受教育者的身心发展规律,思想政治教育所包含的内容也越来越丰富、广泛,心理健康教育、法制教育、网络思想政治教育等相关内容成为其重要的组成部分。当前,很多政策、文件当中所提到的思想政治教育并非普通的思想政治教育概念,而是一种"大思政"的概念。

这里还需要辨析的一个词是"德育"。很多情况下德育与思想政治教育可以互相替换使用,但二者并不是完全等同的,仍旧存在着一定的差异。从狭义上来说,德育就是道德教育,促使人类能在一定的社会区域下遵守道德规范、恪守行为准则、承担起相应的责任、形成良好的道德观念。而从广义上来看,德育是一

---

① 中国大百科全书出版社编辑部.中国大百科全书:教育[M].北京:中国大百科全书出版社,1985.

种"大德育"的概念，包含了丰富的内容，例如政治教育、思想教育、道德教育、法制教育、心理教育等。对于受教育者而言，思想、政治、道德、法治、心理等方面形成了一个相互关联的整体，甚至受教育者的个性与共性也与其有所关联，此时，德育与思想政治教育含义一致。而在"德智体美劳""育人为本、德育为先""立德树人"等理念当中，里面所提及的"德"或"德育"，指代的都是思想政治教育，而不仅仅是道德教育。

近些年来，教育教学改革发展得如火如荼，"课程思政"领域也进行了一系列的创新与改革。首先，定位了专业课程、通识课程（即综合素养课程）、思想政治理论课程的功能；其次，是将思想政治理论课程的授课方式推陈出新；最后，是将思想政治教育内容融入通识课程与专业课程当中。改革之后的"课程思政"注重课堂教学，主张全课程育人。"课程思政"的最初探索发生于 2014 年，由上海开始。上海大学的《大国方略》以及上海中医药大学的《人体解剖学》作为最初试点，将思想政治教育元素融入课程当中。"课程思政"这一理念于 2016 年 10—12 月开始，逐步出现在中新网、文汇报等相关网站、期刊的报道当中，而学术界首次明确认可其相关研究，则是在 2017 年了。2017 年初，高德毅、宗爱东的《从思政课程到课程思政：从战略高度构建高校思想政治教育课程体系》发表在了知名期刊网站——《中国高等教育》2017 年第一期当中，由此，"课程思政"在学术界的探索拉开了序幕。2017 年 6 月，教育部组织召开了全国高校"课程思政"现场推进会，地址就选在了"课程思政"的起源之地——上海。在会上，教育部肯定了上海开展"课程思政"的改革探索工作，并构建了一套全新的课程体系。该体系将思想政治理论课作为核心，旨在实现思想政治理论课程与其他课程同向、同行，最终形成良好的协同效应。同年 9 月，中共中央办公厅和国务院办公厅印发了《关于深化教育体制机制改革的意见》，要求健全"全员育人、全过程育人、全方位育人的体制机制，充分发掘各门课程中的德育内涵，加强德育课程，思政课程"[①]。到了 2017 年 12 月，教育部颁发了《高校思想政治工作质量提升工程实施纲要》，详细规划了"十大育人"体系，包括课程、文化、科研、实践、管理、服务、网络、资助、心理、组织十个方面，以课程思政为具体目标，大力推动课堂教学改革，进而"梳理各门专业课程所蕴含的思想政治教育元素和所承

---

① 中共中央办公厅国务院办公厅.关于深化教育体制机制改革的意见[J].中国民族教育，2017（10）：4-7.

载的思想政治教育功能，融入课堂教学各环节，实现思想政治教育与知识体系教育的有效统一"[①]。到了 2018 年 9 月，教育部印发了《关于加快建设高水平本科教育 全面提高人才培养能力的意见》，这也是首次将"课程思政"拔高到中国特色高等教育的层面上来。2019 年 10 月份，教育部承办了"教育奋进看落实"系列会议，并提交了《全面推进高校课程思政建设》的相关资料，其中提到了"课程思政建设是落实立德树人根本任务的战略举措，是建设高水平人才培养体系的基础工程，是构建全员全程全方位育人大格局的关键环节"[②]，并提出了明确课程思政内容体系、构建课程思政课程体系、创新课程思政工作方法、建设课程思政工作机制等要求。到了 2020 年 4 月，教育部、中宣部、中组部、中央政法委、中央网信办、人社部、财政部、共青团中央等八部门，联合印发了《关于加快构建高校思想政治工作体系的意见》，提出"全面推进所有学科课程思政建设"[③]，提出要加强文学、哲学、法学、历史学、经济学、教育学、管理学等专业课程的育人作用，明确了思想政治教育在公共基础课、理学专业课程、工学专业课程、医学类专业课程、农业类专业课程、艺术类专业课程中的重点内容。

"思政课程"和"课程思政"二者有着相同的目标，即培养受教育者能够形成符合社会需求的思想道德品质，但是，二者的呈现方式却不同。"思政课程"是思想政治教育的显性灌输，而"课程思政"则是思想政治教育的隐形渗透。"思政课程"本质上与其他多种课程一样，是课程体系当中的一门实体课程，因而赋予了其明确的教育内容、教育方法、教育手段以及所需要完成的教育目标。"思政课程"专门用来对学生开展思想政治品德教育，贯穿于学校教育的整体，因而有着非常特殊的重要地位。"思政课程"的德育教育模式能产生极大的教育效果，能够将国家或社会所需要的思想政治道德教育目标按照一定的规律融入课程内容当中，对学生开展有针对性的、符合学生学习规律的思想政治教育。思想政治理论课程有着极强的育人特性，这种特性在其诞生时便已存在，并非后天形成，而对于思政课程来说，所承担的育人任务就更加繁重了。而"课程思政"则是以学校现有的相关课程作为载体，在此基础上开展思想政治教育，并不是简单地在原

[①] 教育部.高校思想政治工作质量提升工程实施纲要[J].高等职业教育探索,2017,16(06):33.
[②] 教育部.全面推进高校课程思政建设[J].青海教育,2020(06):4.
[③] 教育部等八部门.关于加快构建高校思想政治工作体系的意见[J].中华人民共和国教育部公报,2020(04):23-27.

有课程计划当中增添一门新的课程。"课程思政"虽然依附于其他科目，但是也具有相应的、与思想政治理论课相比差异明显的教学目标、教学方法与教学内容，它侧重于通过潜移默化的方式开展教育，打破了传统教育中只教书不育人的局限性，进而实现了立德树人的根本目标。

二、"学科德育"和"课程思政"的概念

"课程思政"和"学科德育"都是在课程当中开展的相关育人活动，因此二者有着一定的同质性。"学科德育"早于课程思政理念，并在中小学当中得到了广泛的认可，因而为课程思政的开展提供了参考与便利。虽然二者具有同质性，但是，由于不同学段的不同特性，二者也存在着一系列的差异。

在我国，中小学的"学科"指代的是具体的如语文、数学等相关的课程，在此时，"学科"的概念可以和"课程"画等号。但是发展到大学阶段时，"学科"又承载着不同于"课程"的含义。由此可见，"课程"与"学科"二者的概念是不同的。

在不同的语境之下，"思政"和"德育"的概念也存在着区别。从广义上来看，二者含义相同，可以通用。但是，为什么在中小学中，提到的一般都是"德育"，而在高校当中，则"思政"一词使用广泛呢？这就与中小学和高校不同的教育侧重点有关了。学生的思想政治素养的发展过程是连续的，而非断代的，在通常情况下，其底部为道德教育，代表着一个人的道德基础，而顶端则为政治教育，代表着一个人对于崇高信仰的追求。伴随着学生的成长，学生的个性特点与发展水平也在不断地变化，因此随着年级的提高，道德教育和政治教育之间的权重也在不断发生着改变与调整。这一点从课程名称的变化中就能够体现出来，如小学、初中阶段的《道德与法治》，高中阶段的《思想政治课》，大学阶段的《思想政治理论课》。由此也能看出教育具备规律性，即，在中小学阶段，道德教育为主，政治教育为辅；大学阶段，重点强调政治教育，要求政治教育能对大学生的三观树立起到良好的教育与促进作用。

中小学的"学科德育"历经了多年的探索与研究，终于在 2000 年，中共中央办公厅、国务院办公厅颁布了《关于适应新形势进一步加强和改进中小学德育工作的意见》，其中提到了"德育要寓于各学科教学之中，贯穿于教育教学的各

个环节"[①]，充分体现每一门学科的育人功能。该意见发布之后，根据其中要求，结合学科内容，"课程标准"被制定出来，并得到了广泛的传播与应用，其中所设立的"三维目标"，即"知识与技能""过程与方法""情感态度与价值观"，极大地促进了教学的发展，为学生的德育教育产生了巨大的影响。党的十八大之后，社会主义核心价值观被进一步强调，并融入各个学科和年级的教育当中。各学科教学不仅仅是对学科知识的传授，还包括了其他诸多教育内容，如增强身体素质、促进智力发展、培养道德品质、形成思想政治理念。学科德育教育具有极强的渗透性，例如语文课程中的承载道德教育内容的文学著作与具有道德榜样作用的仁人志士；数学课程中科学家的坚持不懈的治学精神；历史课程中流传千年的中华民族传统美德与历史人物的高尚节操；体育课程中的意志的培养；音乐课程中的陶冶情操以及常识课程中科学自然观与生态道德的塑造。以上都是良好的德育素材，需要进行充分的发掘与利用，否则将造成巨大的浪费与损失。当前，中小学的学科德育教育呈现出横向贯通、纵向衔接的发展特点，中小学的科目基本上相同且都是根据学段不同不断深入的。近些年来，高校及中小学的思想政治课衔接和德育衔接等相关概念不断被提出，但是中小学的科目与高校课程内容相差过大，因而相应概念还在持续不断的发展与探索当中。

"学科德育"在高校阶段有着不同的内涵，因此结合高校的发展特点，学者们提出了"课程思政"的相关概念。虽然名称不同，但是"学科德育"和"课程思政"之间仍存在着相同之处，二者均以教学体系中最为基础的单位出发，旨在更好地在科目或课程中发展思想政治教育。将思想政治教育与课程相结合，是一种人才思想政治素质培养的重要手段与途径，也能够有效实现思想政治教育的全覆盖。当前，中小学的"学科德育"已经基本完成了相关探索与实践，然而高校仍旧面临着诸多需要解决的问题，如思想政治教育在课程当中的渗透规律与渗透途径、思想政治教育与专业课程之间融合空间的拓展等。"学科德育"和"课程思政"的实施不仅要严格遵循思想政治教育规律和相关课程的教学特性，还需要重点关注受教育者和教育者这两个具有主观能动性的因素。其中，受教育者需要明确认识到思想政治教育对于自己的发展与成长所能够产生的巨大影响与作用，

---

① 新华社.中办国办发出《关于适应新形势进一步加强和改进中小学德育工作的意见》[N].新华每日电讯，2001-01-18（003）.

从而主动接受相关教育，增强明辨是非、分辨万物的能力，从而更好地认识世界，并将其转化为内在发展动力，以完善自身人格，增强自身素质。而教育者，也需要明确自己的课程教学组织者、实施者的身份，丰富教学活动，不仅对学生进行知识内容的传授，还对其进行能力的养成与价值观念的引导，从而完成思想政治教育任务，增强课程的实效性。除此之外，"学科德育"和"课程思政"的开展途径也是相同的，均采用了教学实践与课堂讲授等相应的实施渠道。其中，在教学开展过程中，课堂讲授是最基本的一种形式。课堂讲授占据了大量的教学时间，教师传授知识主要是在课堂之上完成的，而学生的知识技能获取、认知水平提高也主要是在课堂上实现的。课堂讲授有着较强的渗透优势，能够潜移默化地影响到学生的思想政治素质的养成，提升学生的情感体验，提升学生的道德水准，实现思想层面上的浸润。例如，在自然科学的教学当中，当学生在进行自然科学知识内容与技能的学习、应用、研究时，教师能够对其进行社会价值伦理观念的引导，从而促使学生形成符合社会要求的生态观、自然观以及科学发展观，浸润学生的道德素质与人格，使学生严格遵守社会发展规律和自然规律，对自然展开认识、研究与改造。在传统的人文类学科教学中，课堂讲授的隐形渗透功能更强，例如，教师可利用语言表达引发学生共鸣，利用中华传统文化培养学生的爱国主义、人道主义、理想主义的情怀，塑造他们良好的道德观念，同时还能积极开展教学实践，在实践当中更加直观、更加深刻地塑造学生的价值观，使学生在课堂教学中更加深入体会各科知识内容、技术技能与承载的相关思想，进而加深对社会的理解，知行合一，使自身的意志得到磨炼。在教学实践当中充分发挥育人作用，关键在于精心设计教学实践过程以完成学生的性格培养与人格塑造。

三、"课程思政"与"课程育人"的概念

育人属性是课程本身具有的基本属性，是天然产生的。课程是学校教育当中的一种最基本的形式，承载着国家有计划、有目的的人才培养目标，与学生所学的学科内容以及教学计划安排息息相关。课程是主观与客观的统一，同时也是科学与价值的统一，课程既具有极强的主观性，也具有不可忽视的客观性。此外，课程不仅仅涉及知识内容的传授与能力的养成，还涉及价值观念的引领。课程既体现了人们对世界的认知，体现了人们改造世界的成果，同时也反映了当代主流

价值文化内容。因此，学校的育人工作必须要依附于课程，只有这样，才能够获得良好的成效。我国早在春秋时期就对课程的育人功能有所阐述，例如孔子的《礼记经解》中的"入其国，其教可知也。其为人也温柔敦厚，《诗》教也；疏通知远，《书》教也；广博易良，《乐》教也；静精微，《易》教也；恭俭庄敬，《礼》教也；属辞比事，《春秋》教也"[①]就是对课程育人属性的深刻阐述。孔子这句话的意思是，人们通过学习《诗》《书》《乐》《易》《礼》《春秋》等来进行人格的塑造与完善。该句重点强调了课程的育人功能对人们的巨大影响。而对于课程思政协同来说，其本质上就是一种新型的课程观，是将思想政治教育内容与各个课程教学环节融合，而非重新开设一门新的课程。但若是想要做到这一点，就需要实现全程育人。

"课程思政"回应了当前教育中的紧迫问题，是当前"课程育人"观念的强烈表达。"课程思政"这一词的诞生使育人提高到了思想政治教育的层面。从本质上来看，课程体现了统治阶级的主观意志，统治阶级希望将自身所倡导的主流价值观与课程完美融合，从而使学生能够内化于心，外化于形，践行主流倡导的思想政治道德文化，这也就是为什么各个国家的统治阶级都会将教学放在重中之重的地位上。此外，针对教育过程中只教书而不育人，以及德育、智育相分离的现状，"课程思政"提出了"大思政"理念，并要求教师在教学过程中将该理念贯彻始终。思想政治教育必须采用多种方式手段，不能仅仅依靠于思想政治理论课进行开展。归根结底，"课程思政"概念的提出就是为了将思想政治教育与课程结合，进行协同育人，从而整合相关的教学资源与育人资源，进而促进学生的世界观、价值观、人生观充分发展。在高等院校，许多课程都有着极强的意识形态，例如：文学、法学、历史学、社会学、新闻学等。这些课程当中承载着丰富的核心价值观资源，能够为"课程思政"充分利用，哪怕是自然科学，其中蕴含的工匠精神与科学精神也能够被充分利用，成为"课程思政"的组成部分。

"课程思政"能够完美体现立德树人的育人理念。在教育教学的过程中，其主题始终是"培养怎样的人""为谁培养人才"以及"如何培养人才"，而"立德树人"正是对这三个问题的充分回应，也正是对教育根本任务的解答。我国关于"立德"的探讨自古有之，早在春秋时期，我国古代的"三不朽"就包括了"立德"，

---

① 贾德永.礼记·孝经译注[M].上海：上海三联书店，2013.

例如在《左传·襄公二十四年》中，左丘明曾说："太上有立德，其次有立功，其次有立言，虽久不废，此之谓不朽"[1]，将"立德"作为人建功立业的根本和前提。而关于"树人"，其发展历史也很久远，其最早的记录出自先秦时期的《管子权修》，里面提到"一年之计，莫如树谷；十年之计，莫如树木；终身之计，莫如树人"[2]。由此可以看出，"树人"具有历史时久远的特点，是需要终身践行的，因而也是教育永恒不变的主题与责任。

学校的立身之本与根本任务就是"立德树人"，学校若想要提升教学育人的质量与效果，实现长远发展，就必须将"立德树人"与教学过程融合，并贯彻始终。"课程思政"概念的提出是对"立德树人"理念的精确体现，所谓"立德"，即立社会主义之德；所谓"树人"，即树德智体美劳全面发展的社会主义接班人。"树人"包含着三个"度"的层面，分别为人际交往中积极乐观包容的人生宽度、面对各种事物的知识广度以及面对复杂社会现象的思维深度。以社会主义之"德"开拓"树人"的三"度"，充分发展"课程思政"，就必须以马克思主义理论为育人导向，开展真正的思想政治教育。"课程思政"旨在树立学生正确的世界观、价值观、人生观，使其成为品学兼优、德才兼备的，能够为中国特色社会主义事业作出贡献的有志青年。

四、"课程思政"的概念总结

"课程思政"是一种教学理念，而非某一类特定的课程。所谓"课程思政"，指的是高校中所有的课程都能承担起传授知识和思想政治教育的责任，它们具有双重功能，能对大学生的人生观、价值观、世界观的塑造产生积极的影响。

此外"课程思政"也是一种思维方式。在"课程思政"的思维之下，教师会格外注意有针对性地对学生进行思想政治教育，而以教学的顶层设计来看，"课程思政"指的就是将思想政治教育与专业发展进行融合，将思想政治培养作为教学的首要目标。

"课程思政"并不是说要改变高校专业课程的属性，也不是说要把所有课程都转变成思想政治课程，而是充分发掘专业课程本身的德育属性，然后运用德育

---

[1] 左丘明. 左传 [M]. 中华文化讲堂注译. 北京：团结出版社，2017.
[2] 管仲. 管子精华 [M]. 沈阳：辽宁人民出版社，2018.

思维将专业课程中的有关于德育的文化与价值进行提炼，并将其转化成能够承载社会主义核心价值观的教学载体，在潜移默化中对学生进行理想信念的塑造。

第二节 课程思政的功能

一、课程思政与思政课程同频共振

长久以来，在开展思想政治教育的过程中，课程发挥了巨大的作用，而思想政治理论课程则承担着关键的育人之责。但是，思想政治理论课程的实际效果却不是很好，有着较为明显的不足之处。在当前时代下，"课程思政"能够有效推进"思政课程"在"立德树人"方面的根本任务落实，能够促进专业知识内容与价值观念的融合，促进当代学生的德智体美劳全面的健康发展，有效弥补先前仅靠思想政治理论课开展教学育人活动的不足之处。故而各级学校必须要大力发展"课程思政"，进而实现思想政治教育的根本要求。

（一）落实各级学校立德树人根本任务的需要

所谓人无德不立，国无德不兴，"德"之一字对于个人、社会乃至整个国家而言都有着极其深远的意义。为人处世的首要原则就是要修身立德，"立德树人"首要强调的也是"德"。故而为了充分发挥自身才能、完善自我修养，就必须要明大德、守公德、严私德。

站在个人的角度之上，"德"可分为三个层面，分别为"大德""公德"以及"私德"。其中，所谓大德，即国家、社会之德；所谓公德，即人民群众的公共之德；所谓私德，即个人品德修养和家庭的美德。而从集体的角度来看，所谓的"立德"指的是坚定党的领导、落实党的教育方针、坚信马克思主义、践行社会主义办学等。基于此，学校在达成"立德树人"的基本目标时，就需要从个人和集体两个角度进行。学校不仅仅需要对学生和教师的德行操守塑造负有责任，也需要结合自身，将"立德"这一理念融合到教学工作当中，并在教学过程中一以贯之。塑造"德"不仅要针对个体，也要针对集体，由此才能真正、全面且深刻地理解何为"立德"。

"树人"是教学的重要任务与目标，而树怎样的人就是教育需要面对的首要问题了，只有确定好要树怎样的人，才能进一步开展教育计划，从而实现教育目标。与"立德"一样，"树人"也需要从个人和集体这两个层面上进行探讨。针对个人来说，"树人"侧重于人的成长发展，而针对集体来说，"树人"则侧重的是国家的发展。例如：树立德智体美劳全面健康发展的青年学生。树立肩负民族复兴、担负重大使命的时代弄潮儿，树立为中国特色社会主义建设服务的新时代学生，树立艰苦奋斗为社会主义现代化奉献的有志青年，树立坚定共产党领导和自觉维护社会主义制度的社会主义接班人。

学校肩负着我国从人口大国转变为人才强国的伟大使命。在新时代下，我国教育的主要目标就是为中国特色社会主义建设提供源源不断的优质人才，而"立德树人"的完成效果将从根本上影响这一目标的顺利实现。学校的立身之本在于"立德树人"，随着时代的发展与社会的进步，当前学校面临着不同以往的教学环境，虽然教学设施、教学条件、教学资源得到了大幅度的改善，给教学带来了巨大的发展机遇，但是教学也因时代和社会的变化面临着严峻的挑战。当前，社会上各种思潮涌动、争相竞逐，各种价值观念层出不穷、激烈交锋，然而当代学生的思想有着极强的可塑性和易变性，因此极容易被这些观念所影响。学生们在学校接受马克思主义意识形态和社会主义核心价值观的教育与引导，而在校外又受到多种价值观念和非主流思潮的影响，这导致了学生价值观塑造的不稳定，给学校的"立德树人"工作带来了巨大的挑战。传统的"思政课程"针对课程特色与学科定位，恪守智育和德育统一的理念，是发展"立德树人"的关键课程。但是随着时间的发展，这种模式逐渐暴露出来了不少不足。这种模式下的"思政课程"犹如单兵作战，因而需要其他课程进行补充完善，实现其他各类课程与"思政课程"的同频共振，从而增强"立德树人"的实践效果。

在"课程思政"中，任课教师不仅要对学生进行知识与能力的教学，更要对学生的价值观念和思想理念进行引导，因此相关教师必须要摒弃只教书不育人的错误观念，从思想上认识到"课程思政"的重要作用。高等教育划分了多种学科门类，并以此为基础开设了相关的课程与专业，而"课程思政"需要以这些专业和学科为培养目标，进行对应的服务。虽然这些专业、学科不同于有着明确政治倾向的思想政治理论课程，但是却蕴含着丰富的文化内涵、精神内涵，因此也能够对学生进行价值观的养成和精神层面的培育。"课程思政"极大发挥了专业教师的学科功能，其与"思政课程"一起，为"立德树人"这一根本目的实现打下基础。

（二）促进知识传授与价值引领相结合

一直以来，我国高校的专业课程高度重视知识内容的传授，而对引导价值发展则相对忽视，这种状况导致了"教书"与"育人"的分离。教师古来有之，堪称人类最古老的职业之一。教师承载着社会的期盼，对受教育者进行教学。每一位老师都怀揣崇高的理想，肩负着神圣的使命，将一代代先辈传递下来的智慧的火种播撒到每一个孩子的心间，将人类智慧的结晶代代相传。苏霍姆林斯基是苏联著名的教育家，他竭力反对将知识看作冷冰冰、毫无人情味的某种真理。如果一味对知识进行机械的灌输，不将知识自身的魅力充分展现，那么传授知识就只是粗暴地植入罢了。这种教育无法给学生带来深刻的感悟与体会，故而没有真正实现知识的自身价值。

在开展"课程思政"建设时，教师是其中的中坚力量。教师队伍不仅包括了思想政治理论课程教师，也有其他专业的学科教师，二者都能够对学生进行知识内容的教学和价值的引导，教师应当以此为己任，将其看作是崇高的使命并为之不断地努力，同时将培养德智体美劳全面健康发展的、符合社会需求的新时代人才作为个人的职业价值导向，从而促进知识教学与价值引导的同频共振。

新时代人才要做到德才兼备，即兼具过硬的知识能力素养与正确的价值取向。但是立足于现实，在教学过程中，那些除思想政治课程之外的相关专业学科并没有做到与"思政课程"同频共振。在建设"课程思政"时，需要将价值观念融入知识与能力的发展当中，从而实实在在地实现知识与价值结合的现实需求。"课程思政"以课程为载体进行教书育人活动，实现了知识与价值的内在统一，也使学生的思想政治教育的内涵得到了极大的丰富与拓展。课程建设与改革的成败与否和教师能否有效组织、开展教学实践有着直接的关系，因而也需要对教师的相关教学素养进行大力培养与发展。

"课程思政"的提出促使教师深入了解了"教书"和"育人"的内涵，而这种了解也促使教师能够更加积极地开发教学活动，进一步发掘自己所精通的专业和学科当中所蕴藏的思想政治教育元素，在教授专业知识与技能的同时，激发学生的情感态度，树立学生正确的价值观。学科教师需要积极探索专业知识和思想政治教育之间的结合点，将专业知识与技能和思想政治元素融合，在教学过程中引导学生、感染学生，促进学生在知、情、意、信、行五个方面作出正确的判断与选择，进而使专业课程与思政课程实现同频共振。

（三）推动新时代学生全面健康发展

新时代，我国经济社会发生质的转变，完成了从站起来、富起来到强起来的伟大飞跃，可见 21 世纪的中国仍旧具备着强大的生命力与影响力。与此同时，新时代的学生也肩负着全面建设社会主义现代化国家、全面建成社会主义现代化强国的时代使命。而为了完成上述使命，学生的全面健康发展是其条件和基础。所谓的全面健康发展，必然是多层次立体化的，而非平面化的，由此培养出来的学生应当拥有真才实干、高雅志趣以及良好的道德品格等。而这离不开专业课教师的纽带作用，但是专业课教师的纽带作用又依附于所教授的课程。长久以来，我国高校存在的"知"与"德"的分离严重弱化了"思政课程"的育人属性，教师在教学过程中仅针对学生的专业知识掌握进行教学，而忽略了知识背后所承载的对应价值，这也是一种教学资源的浪费。"知"为"德"而服务，能够深化学生对于"德"的了解与认识，因此也可以说"德"是一种"真"知。"德"不仅仅指代思想品德或是道德，其有着极为深刻的内涵，因此在开展"课程思政"建设时，教师要明确"德"丰富、深刻的内涵，摒弃"德"就是品德的浅显认知，帮助学生对"德"展开广泛的认识。

"知"与"德"之间存在着辩证关系，此处的"德"不只具有"功德"与"私德"的向度，还有着一种"大德"的向度，也就是对人类社会发展规律和自然发展规律的体会与领悟。"一切人文学科和自然学科的最终归宿都是为了认识人类社会的规律以及自然界发展的规律，而认识自然界发展的规律实际上也是为了更深刻地认知人类社会的发展规律。"[①] 例如：进化论催生了历史哲学的产生，人类知识成果的最终归宿是为社会服务等。因此，为了促使新时代学生的全面健康发展，专业课教师必须要深刻领悟到教学的真正内涵，深切探讨"人才培养辩证法"，探索其真正内涵，在知识逻辑与价值逻辑的并行之下，明晰"知"与"德"的辩

---

① 王学俭, 石岩. 新时代课程思政的内涵、特点、难点及应对策略[J]. 新疆师范大学学报（哲学社会科学版），2020, 41 (02): 50-58.

证关系，同时围绕着育人这一主题，破除专业教育和思政教育"两张皮"的壁垒，使专业课程与思政课程实现同频共振，为新时代学生的全面健康发展提供强有力的力量保障。

二、增强了思想政治教育的效果

教育的效果问题是课程教学的永恒主题。当前，学生进行价值观学习的主要渠道就是"思政课程"，然而当前"思政课程"却出现了教育理念落后、教学手段单一、缺乏教育实践等诸多不足之处，这些不足进而导致了"思政课程"教育效果的弱化。对"课程思政"进行改革能够有效改善"思政课程"的不足，从而与"思政课程"一同完善具有引领性的课程体系，进而提升教育的整体效果。

（一）更新教育理念的需要

所谓教育理念，就是"教师在长期教育实践活动中，经过亲身体验和理性思考形成的关于教育本质、规律及其价值的根本性判断和观点。"[1] 教育理念和教育观念有着不同的内涵，其中，教育理念侧重强调个体的思考与体验，属于"价值"的范畴，而教育观念则属于"事实"的范畴；教育理念也不同于教育思想，教育理念是教育思想产生的基础，是对教育思想的高度概括；教育理念亦不同于教育信念，并非所有的教育信念都可称为教育理念，而所有的教育理念都可认作是教育信念。例如，那种不经思考的、一味顺从和盲从的教育信念就无法被称作教育理念。教师这一职业自古有之，肩负着播撒智慧火种的神圣使命。站在学生的角度来看，教师犹如工程师，对学生的智力进行开发，对学生的个性进行塑造；而站在社会的层面上来看，教师是人类文明的继承者与传承者。学生主要通过课堂学习来接受价值观教育，在多年来的学校发展过程中，价值观教学任务一直由思想政治理论课教师肩负，为了增强教育效果，思想政治理论课教师做出了很多改变与尝试，但是最终收获的效果却不尽人意。

（二）完善教育方法的需要

"方法是人们为了认识世界和改造世界，达到一定目的所采取的活动方式、

---

[1] 王作亮，张典兵.教育学原理[M].徐州：中国矿业大学出版社，2015.

程序和手段的总和。"①教育者为了实现一定的目的，在教学活动中采用了一系列的方式、手段，而这些方式、手段的总和，就是教育方法。教育方法虽然不是实体要素，但其存在离不开教学实践活动，否则就丧失了自身的存在基础与自身价值。在长时间的教育实践当中，人们逐渐制定了关于教育活动的相关准则，而这也是教育方法的一种体现，其本质在于科学把握与自觉运用教学规律，并根据规律开展教学活动。

教育方法是教学活动的准则，亦是教学活动的中介因素。作为教学过程中教育者与受教育者之间沟通的桥梁，教育方法是一种有效的手段与完美的工具，能够促使教育目标得以实现。

教育方法的服务对象为教育任务与教育目的。在开展教学活动时，教育任务和教育目的影响着教育方法的选择，当教育任务和教育目的发生改变时，教育方法也会随之改变。故而，在当前的时代背景中，面对新的教学任务和新的教学目的时，就需要对教育方法进行创新。

教育方法无法与教育理论分离。教育方法运用在方方面面，例如教育理论指导、理论运用于实践、实践经验归纳总结为理论，这些过程都离不开教育方法的运用。通常情况下，直接灌输法是思想政治理论课中常用的教育方法，在对学生进行马克思主义理论指导和思想政治教育时，能够对学生的价值观起到引领的作用。

总而言之，考虑到思想政治理论课的理论特性，采取直接灌输的教育方法是十分有必要的。只有让思想政治理论课的教师使用精确、简练的语言，学生才能够正确理解和应用那些抽象的理论。直接灌输法是思想政治理论课中常用的教学方法，教师会公开表达教育的目的，其中包括了知识教育的目的和价值观教育的目的，然后使用简明、精准的语言引导学生进行思维活动，以此实现教学目标。直接灌输法有着效率高、信息量大、适用范围广的特点，能够有效促进教学的开展，但是，直接灌输法会使教育目的暴露得过于明显，因此可能会引发学生的抵触心理，从而使他们不太愿意接受这些内容。而这也是直接灌输法的最大限制所在。直接灌输法在某种程度上而言使思想政治教育变得孤立无援，"边缘化"和"孤岛化"是其主要特征。当前，为了加强学校的"课

---

① 陈万柏，张耀灿.思想政治教育学原理（第三版）[M].北京：高等教育出版社，2015.

程思政"建设，主要采用了间接的教育方法，该方法要求专业课教师在开展课程的过程中，潜移默化地引导学生树立正确的价值观念，使得知识教育和价值观教育得以融合。这种间接的教育方法最大的特点在于其内隐性，它将价值观教育渗透到知识传授和技能培养中，使学生在获得知识的同时，无形之中受到了价值观的感染与教化，从而有效弥补直接灌输法带来的不足之处。

（三）增强教育实践的需要

人类能够持续生存的根本原因在于实践，人们通过实践，能够完成自我教育。学生，是我国重要的人才资源，而参与社会实践活动则是学生成长的必经之路，可以帮助他们逐渐成长为有能力、有担当的成年人。参与社会实践能帮助学生更全面地理解所学的相关专业知识，深刻认识到学习知识是为了更好地服务于社会，从而增强个人的社会责任感。社会实践是对课堂教育的进一步补充和延伸，在我国的教育领域扮演着不可替代的重要角色。学生实践教学活动是提高学生思想道德水平和科学文化素质的重要途径，也是课堂理论教育和素质教育的延伸。因此，各大高等院校应当采取实践育人的新形式来开展教育。

在对学生进行思想政治教育时，思想政治理论课是其中最为重要的主要途径，而理论教育是理论课重要的特点之一。在思想政治理论课上，教师有针对性地向学生传输马克思主义与思想理论教育的相关内容，旨在引导学生形成正确的人生观、价值观、世界观，这便是所谓的理论教育。在进行思想政治理论课教学的过程中，教师需要紧密结合实际，将理论知识与实践经验相结合。理论能否充分发挥其相应的作用，取决于该理论能否与社会生活和思想实践紧密结合。也就是说，既要确保相关理论与社会生活实际的联结，注意引导学生用马克思主义的观点、方法、立场来审视问题、分析问题，最终解决问题，同时，还需要针对学生的思想状况，进行精准的教育指导。

但是，在实际的教学过程当中，思想政治理论课程的开展却面临着不少的问题。尽管思想政治理论课教师已经很努力地将理论知识与社会现实进行结合，并以学生的思想状态为依据，但是，由于思想政治理论课的教学对象过于广泛、数量众多、情况繁杂，因此开展能够符合所有人期望的社会实践活动变得难上加难，这也就导致了教育实践的欠缺。可是这种教学实践的匮乏又进一步导致学生对所学理论知识和价值观的理解不够透彻，从而削弱了教学效果。随着"课程思政"

的改革，上述不足得到了充分的弥补，思想政治理论课程的教学实现了进一步的发展与进步。当前，我国"课程思政"改革要求教师对各类学科所蕴含的思想政治教育资源进行深入挖掘和充分利用，与此同时，在"课程思政"改革的环境下，相关管理部门对于思想政治教育工作有了更为深刻、更为清晰的认识，例如，由二级学院和学工部共同牵头的参观红色旅游基地、支教、社会公益等相关活动的开展，将学生的价值观教育搬到了课堂外，让他们在课堂内外都能够深入地理解所学理论。实践活动和思想政治理论课的价值目标相互配合、相互促进，为学生在思想政治教育方面提供了有力的支持。

三、隐性课程育人功能

课程具有一个固有的功能，即育人功能，这也就导致了学校开设的各门类课程均具有育人功能，能够承担育人的责任。"课程思政"的建设过程就是对除了思想政治理论课程之外的课程育人功能的解蔽过程，就是要激发"隐性课程"的育人功能。这里的"隐性课程"指的就是专业课程。专业课程需要与思想政治理论课程共同肩负起价值观教育的责任，因此教师必须要坚定自身信仰、充分发掘专业课程的育人因素，将思想政治教育工作贯彻始终。

（一）铸牢专业课教师政治信仰的需要

不同于思想政治理论课教师，专业课教师与学生的接触时间更长，因此其自身政治信仰坚定程度会对学生的情感态度和价值观产生重大影响。据《伦理学大辞典》所述，"信仰"指的是深藏在内心深处的一种对于特定理论、思想或学说的崇高敬仰，并以此作为自己行动的准则与前进方向的指南。在这里，需要重点强调专业课教师的政治信仰，这有助于促使他们清晰地认识到"到底是为谁而培养人"这一关键问题，从而在内心深处信仰马克思主义。马克思主义不仅仅是一种科学理论，对于以马克思主义为指导的共产党、马克思主义者以及所有反对资本主义制度的革命者而言，它也可以被看作是一种信仰，为追随者所信奉。

我国在意识形态领域始终坚持以马克思主义为指导，并坚持将马克思主义在意识形态领域指导地位作为一项根本制度。这是因为，马克思主义是以客观事实为基础、以相关科学规律为对象的科学理论，是以实践作为真理检验标准的科学学说。同时，马克思主义还彰显了党和国家的行为规范、理想追求和价值目标。不是所有人都能终身追随马克思主义，将其视为自身信仰，将其等同于自身的生命。只有在那些信奉共产主义和马克思理论，并且拥护、支持、追随马克思主义的人面前，马克思主义才是信仰。而对于那些反对者而言，马克思主义便不是信仰。对于一个坚定的马克思主义者来说，他们视科学与信仰为一体，二者不可切割分离。在一定程度上，个人的信仰与马克思主义的科学性存在着正相关关系。随着个人对马克思主义科学性的更深刻地理解，他对马克思主义的信仰也会越发坚定。

教师作为学生的榜样，他们对马克思主义信仰的程度能够直接影响到学生对马克思主义科学价值观的认同程度。在开展"课程思政"建设的过程中，专业课的教师是否有能力将科学价值观渗透到知识传授与能力培养中，关键在于他们是否能够坚定信仰马克思主义。若是能够坚定马克思主义信仰，那么将使其自身的教育引导能力得到大幅度提升，从而提高学生对马克思主义的认同度。"课程思政"是一种教育理念，相较于传统的知识教育，"课程思政"更加强调专业课教师对于学生的价值观教育的重视，而不仅仅关注知识内容的传授。也就是说，与传统教育相比，"课程思政"增加了价值观教育的维度。马克思价值观的塑造是开展思想政治教育工作的重点与核心内容，更是其灵魂所在。通常来讲，知识教育的首要目标是向学生传授知识技能，进而帮助他们建立相应的知识框架。而"课程思政"的首要使命在于将价值观教育贯穿于知识传授和能力培养之中，因此也就对专业课教师提出了更加严格的要求。将人生观、价值观、世界观进行简单粗暴的叠加不能代表对马克思主义的信仰，而是需要在心中构建起一套价值理念体系，这才是对马克思主义信仰的真正践行。通过课堂教学，专业课教师的作用得到了充分的发挥。为了确保教学效果，专业课教师应该将马克思主义信仰贯彻到自己的内心深处，并将其视为自己的最高价值追求。

长期以来，思想政治理论课的教师一直致力于帮助学生塑造科学的价值观。毫无疑问，要实现这一目标，思想政治理论课是必不可少的重要途径。因此，思想政治理论课的教师需要坚定地信奉马克思主义。然而，事实证明，即使要求思想政治理论课教师始终信仰马克思主义，仅仅借助思想政治理论课进行价值观引导，距离树立学生马克思主义价值观仍有着较大的距离。这意味着，专业课教师也应该把追求马克思主义信仰视为终身追求践行。专业课教师主导和引领着知识和能力的传授和培养，以及价值观的渗透，使之相互促进、共同发展。专业课教师对马克思主义信仰的坚定与否会直接影响到马克思主义科学价值观是否能够得到有效的体现并运用到课堂教学活动之中。只有教师们能够坚定马克思主义信仰，才能够在引领学生树立科学的价值观方面取得成功。否则，将会大幅度降低他们在价值观教育方面的引领效果。因此，加强专业课教师的马克思主义信仰，能够使他们更为积极地将其视为毕生追求，并在课堂上充分发挥自己的主导作用，提高自己的引导能力，发掘知识中隐藏的育人元素，对学生展开教学，真正做到"让有信仰的人讲信仰"[1]。而这，也是充分发挥专业课程中育人功能的关键所在。

（二）将思政工作贯穿育人全过程的需要

思想政治工作必须要渗透到育人的全过程当中，而不能只停留在某一环节、某一时期上，更不能只停留于表面，敷衍了事。因此可以说，将思想政治教育无声无息地融入教学育人的整体过程当中便是全过程育人的实质所在。

思想政治工作遵循一种"规范性逻辑"，以将社会价值理念转化为个体的行为准则和思想为主要的工作内容，旨在维护、推动社会价值秩序；高校教育教学更多地遵循"知识性逻辑"，这种逻辑具有专门性，在落实教书育人、科研育人的要求的基础上还有一定的自主空间。"规范性逻辑"与"知识性逻辑"必须要相互影响、相互促进、相互融合，如此才能更好地开展教学过程中的思想政治教育工作，深度发掘学科专业中的思想政治育人元素，并将其与教学过程有机融合，实现隐性课程的育人功能。

教育教学从来不是单向度的传授过程，而是双向度的互动过程，也就是说教学过程既包括了教师的"教"，也包括了学生的"学"。为了有效开展价值观教育，专业课教师必须要对教学活动的相关目标、组织形式以及计划流程等进行事先规划，让学生在活动当中不自觉地学习运用相关专业知识和基础技能，进而以此为基础发展出符合社会期待的思想道德品质和价值观念。

---

[1] 杨晓慧.高等教育"三全育人"：理论意蕴、现实难题与实践路径[J].中国高等教育，2018（18）：4-8.

（三）勘探专业课程育人元素的需要

如果学校只是一味强调学生学习专业知识和技能，而忽视了教导学生去面对生活、学会生存、学会处理问题以及应对现实挑战，那么将难以树立学生的责任感、使命感以及对权利、义务的充分认识，这将大幅度降低学校的教学质量，使学生丧失理想和追求。在我国的传统教育观念中，常常提到"传道""授业""解惑"等相关内容，其中，"传道"是教学的最终目标，而"授业"和"解惑"则是实现目标的方式和手段。然而这种传统教学思想已经逐渐式微并被人们所忽视。特别是在专业课方面，大多数教师将目光放在了"授业"和"解惑"方面，只注重教授专业课相关知识，对学生的相关问题进行答疑，而将重要的"传道"置之脑后，或是使其只停留在口头上，成为一种表面功夫，犹如空心的萝卜一样，没有实质性内容。随着新时代的到来，学校在开展"立德树人"的工作时，也面临着新的挑战与要求。越来越多的学校开始意识到"传道"的重要作用，将"传道"融于"授业"和"解惑"的过程当中，实现教书和育人的有效统一与结合。

课程是教学活动的基本依据，是传递国家意志内涵教育目标、彰显教育内容的载体。专业课程中育人元素的勘探是开展思想政治教育过程中的"隐性课程"的基础。在当代社会，课程在向学生进行价值观教育方面扮演着非常重要的角色。正如有着"现代教育学之父"之称的德国哲学家赫尔巴特所说，教学中的品德教育缺位，意味着所采用的教学手段没有目的性，而思想品德教育没有教学过程作为依托，则丧失了基本的教学方法手段。任何一门课程都包括三个维度，知识、方法和价值：一是本学科的基础知识和基本概念体系；二是基础知识和基本概念体系背后蕴藏的思维方式与行为模式；三是该思维方式与行为模式背后潜隐的情感、态度与价值观。这三个维度相互交融、紧密相连、互相影响、互相作用，共同组成一个有机的整体，为课程的顺利开展提供强有力的支持与保障。单个维度目标的达成离不开整体目标的相互联系，因此，与思想政治理论课一样，所有的专业课程都蕴含着丰富的思想政治教育资源，只不过不像思想政治理论课中的思想政治教育资源具有外显性，专业课蕴藏的思想政治教育资源有着明显的内隐性质。对学生的价值观进行引导只依靠思想政治理论课程是远远不够的，必须要充分利用专业课进行辅助，从而实现树立学生价值观的目标。而这也与专业课更能与学生产生共鸣的特性息息相关。专业课程的"课程思政"元素蕴含着"启迪人们智慧、激发爱国热情、拥有社会正义感、负有社会责任感、具有文化自信、充满人文精神等价值范式的思政元素[①]"，因此，为了更好地建设我国高校的"课程思政"，就需要对专业课的育人元素进行深度发掘与充分利用，如此才能实现"课程思政"的教学目标。

第三节 课程思政的要求

在进行"课程思政"的教学设计时，既要遵守思想政治教育的学科特殊性原则，也要遵守社会科学研究的相应原则。在此，本书结合"课程思政"的原则与内容展开探讨，提出以下基本要求。

一、理论与实际相结合

"课程思政"教育元素来源于社会实际，而非来源于抽象的理论概念。若想找到"课程思政"的教育元素，就必须投身于社会实践，在各个学科知识内容与社会实践的结合之处进行探索。从理论逻辑出发是无法解释实践的，与之相反，社会实践恰恰能够解释理论是如何形成的。也就是说，理论逻辑的修正要依靠于现实实践。理论与实际的结合，需要我们做到因事而化、因时而进、因势而新。

二、讲授与渗透相结合

讲授不是机械地移植、注入式的填鸭式教育，而是注重启发的教育，能够进行能动的认同、认知与内化。渗透应注重贴近实际、贴近生活、贴近学生，向心理环境、社会环境和网络环境等方向逐步渗透，并产生影响。讲授与渗透相结合，就是采用较为温和的方式方法，在良好的熏陶和轻松的教学环境中使得学生化被动为主动、化被迫为自觉进行学习，从而实现教育目标。

三、历史与现实相结合

历史、现实与未来三者之间有着紧密的关联，其中已经逝去的现实被称为历

---

① 杨守金，夏家春."课程思政"建设的几个关键问题[J].思想政治教育研究，2019，35（05）：98-101.

史，即历史是现实的前身，而将历史进行延伸，所得到的也就是当下的现实，然而随着时间的流逝，当下的现实也将最终成为未来的历史。在进行"课程思政"教学设计时，要兼顾横向现实与纵向历史的双重维度，将我国特色与世界进行比较、将我国发展趋势与世界发展趋势进行比较、将当前的时代责任与历史传承、使命进行比较，这也就导致了思想政治教育元素既传承了历史又与时俱进，既源于历史又扎根立足于现实社会的相关特性。

四、共性与个性相结合

统一与差异的融合、个性与共性的结合，是世间万物的发展规律。对于思想政治教育来说，教育目的的价值取向是一种共性、统一性，个体的自身体验则是事物的个性、差异性。

共性与个性相结合是"课程思政"教学设计所需要遵守的主要原则，即需要兼具教学内容的价值取向与学生学习的独特体验。

五、显性教育与隐性教育相结合

显性教育与隐性教育的结合，是"课程思政"教学设计所应遵循的相关原则之一。显性教育和隐形教育是某种类型方法的称谓，而非某一具体的、单一方法的名称。其中，由教师进行组织、设计、开展与实施，公开对学生道德观念进行促进与发展，所涉及的正规工作方式的总和就是显性教育了。而隐性教育，则是打造一个良好的教育环境，在潜移默化中发展学生的身心健康与个性。显性教育和隐形教育的结合需要借助于隐性渗透，将思想政治道德教育与专业课程完美融合，在聚沙成塔、绳锯木断的不断积累当中，实现二者的有机结合。

六、正面教育与纪律约束相结合

为了使学生能够明辨是非善恶，遵守相关纪律，形成正确的价值观念和道德观念，教育者可以使用讲道理、尊重客观事实的方式，这种方式就是正面说服教育。在"课程思政"的教育和教学过程当中，要以说服为主、坚持正向引导、充分发挥疏导的重要作用、给学生以启迪，同时再用纪律进行规范，从而促使学生能够形成健康、积极向上的良好品德。

第二章　高校课程思政简要分析

随着课程思政建设的不断深入，我国高校课程思政也取得了一些成果，同时也存在着一些问题。本章对高校课程思政进行了简要分析，从两个方面展开叙述，分别是高校课程思政与思政课程关系辨析以及高校课程思政的现状。

第一节　高校课程思政与思政课程关系辨析

课程思政与思政课程有何关联，这是课程思政建设始终绕不开的一个话题。

一、关于二者关系的学界两种观点

目前学界针对课程思政与思政课程题域，仍存在脉络难辨、边界难分、概念错位等诸多问题，相关概念不证自明，导致理解秩序混乱、执行过程失真、评估机制失序，对研究领域、政策制定者、基层实践等课程思政"相关利益者"带来较大困扰。可以说，课程思政建设理论研究滞后、实践发展迷茫受制于此。廓清两者知识结构、澄清两者关系、认清两者发展理路，才能梳理课程思政发展思路。

该题域细分为两个问题：其一，课程思政与思政课程的关系，涉及系统与外系统；其二，课程本身专业属性与思政要求的关系，涉及系统自身内部。

怀疑派认为，课程思政与思政课程依存水平不高，"两课"延续下来的思政秩序固化，牢不可破。专业课程与思政课程观点不同、互信缺失、效果对冲，两者各行其是、各自为政、各说各话、价值疏离、场域疏离，交融发生机制遮蔽，共生、共轭、共振路径不通。而课程的专业特性乃内生性问题，课程的思政属性乃外源性问题，课程内生的学科逻辑与外源性现实需求之间产生矛盾冲突。

改革派则认为，课程思政与思政课程兼容并包、共建共享，两者各司其职，互信互认，形成制约与监督的自生自发秩序，规范各自行为，促进横向联动、纵向互动，形成协同并进的治理格局，由此增进思政育人活力，有效提高课程运行效率，降低治理风险以及教育成本，确保现代教育在合理有度的秩序空间实现方向正确、步调一致。

就怀疑派指出的课程思政学科逻辑与实践逻辑之间的张力关系，改革派认为课程的学科属性与思政要求之间既相互冲突又相互包容，形成矛盾统一体。课程思政、思政课程是多方面要素相互依赖、高度关联，在场域交互中，持续激励，成为"链式联通体"，实现要素流动、对接、再生、创新。两者是相辅相成、相互促进的共生关系。

课程思政之所以能达成逻辑自洽，在于课程的价值属性乃潜在的内置因子，与外显的行政权力统摄、控制一切有本质区别。如同"教育科学之父"赫尔巴特（Johann Friedrich Herbart）指出："我不承认有任何'无教育的教学'""教学如果没有进行道德教育，只是一种没有目的的手段"[①]。课程链接思政，统一育人与育才，乃其专业属性与价值属性互相支撑，相互启发。基于共同核心价值观的新型课程蕴含隐而不彰的意识驯服与精神导向，通过协商、聚焦问题、有效衔接、适度映射，调动教育场域中人、财、物空间要素和时间要素，调控规范教学行为，构建有序运行的制度机制，形成共治场域空间。由此合力生成的课程实现与思政的普遍联结，既坚守学科自觉，同时服务价值导向，切入时代主题，聚焦时代精神，又能够创造符合时代、国家、社会需要的知识、能力与价值。

总而言之，课程思政改革是推动教育改革的深层力量。德育体系创新在于对问题的发现、批判与解决。课程思政作为当前德育的最优解决方案，其叙事方式与价值立场均是时代精神的产物，是思忖德育和社会气象突出矛盾和问题的结果。课程思政以其清晰的目标指引、鲜明的价值引领、明确的结果导向，不断优化自组织运行系统，形成优质要素的流动与应用，形成崭新的思想架构与话语体系，促进学习氛围向上、教学方法创新、教育管理转型、评价体系更新，焕发出了无限的生机与活力。

二、课程思政与思政课程的深度耦合

哈耶克（Friedrich AugustVon Hayek A.）认为"人是一种需要遵循制度规则保

---

① 张焕庭. 西方资产阶级教育论著选[M]. 北京：人民教育出版社，1964.

护的动物，人之所以取得成功，是因为他的思维和行动受到规则的调整。"[①]也就是需以首位价值观约束多元价值观，为当代大学生提供一套清晰、稳固、一致的行为体系与社会标准，这是课程与思政耦合的契机所在。

课程与思政耦合，也就是思政教育需贯穿整个人才培养体系，解决思政教育与专业教育脱离的问题。耦合过程中需注意以下两点。

一是课程思政与思政课程两条战线协同合作，有利于落实立德树人的根本任务，对民族复兴有重要意义。课程思政与思政课程同向同行的内涵，如在政治方向上保持一致性，共同推动学生主体对国家认同、政治认同，在育人方向上保持一致性，在"培养什么人、为谁培养人"的核心问题上保持高度一致。即，使课程思政与思政课程各要素之间存在博弈、矛盾、碰撞、孰轻孰重、孰先孰后。为解决调适两者冲突，必须建立以立德树人为宗旨的行动纲领，秉持为国育人、为党育才的责任使命，形成全局性治理秩序与共意共在的逻辑结构，建成稳定持久坚固的协同共治生态系统，平衡利益与冲突，最大限度地在教学目标制定、教学方法选择、教学效果评估等层面，实现共有利益的整合，共同彰显终极育人目标。

二是课程思政化建设不等于思政要素在专业课中的简单叠加，而是应当使立德树人、价值引领等顶层战略成为课程整体变革的内生变量，最大限度提升课堂效能，拓展教育资源，有效供给教育服务，支撑引领教育创新发展。应当坚决摒弃形式主义。重复灌输、走形式主义，势必导致学习枯燥无味、了无生趣，学生厌烦抵触也就不言而喻了。相反，课程要超越单一的技术或生命之维，在耦合中达成工具理性与价值理性的统一。

究竟如何实现专业课程的德育效应，如何衔接与贯通课程与思政，达成一体化的长效协同发展机制？

其一，人才培养目标不再是单线的能力认证，而是要求双线并进、德智兼备。

课程思政作为培养德才兼备人才的路径设计，更为强调学生知识能力与价值态度的双向培养，注重德育与智育的交互融合，具有双重品性。课程思政不同于一般意义的普通专业课程，其本身具有与思政课程跨界交融、共生发展的内涵要旨。课程思政作为复杂的结构系统，汇聚专业课程、思政课程两种能量，这两种能量在创设的专业课程和谐场域中交汇对话，形成了课程思政兼容并包的个性特

[①] 弗里德利希·冯·哈耶克.法律、立法与自由[M].北京：中国大百科全书出版社，2003.

质。就专业而言，本质是以能力为中心，强调知识的应用逻辑，效率、效益是关键；就思政而言，本质是育人，强化态度、素养养成，理想信念、道德规范、行为准则、生命成长是关键。无论是专业还是思政，均有自身的逻辑与生成轨迹，课程思政要达成两方面的高度融合，汲取各自养分，形成交往共生的价值认同，相互包容、相互承认、相互影响、相互照应。通过知识、能力、素养多元交互，观照人的全面性，促进学生成为自由而全面的人，实现教育组织系统各要素之间跨界、集成，有序融合，自洽圆满，常态化运行。

首位价值引领下，形成课程思政与思政课程共同体，在共生共荣的对话场域实现目标一致、资源分配合理的行动共识，在实践中升华出中国思政教育独有的话语体系。

其二，教育方式途径不再是灌输填鸭式传授，而是交互式学习生态环境营造。师生角色不再是一方独大上帝视角，而是陪伴、交流、共生共长模式。

教学方法可分为四类：一般方法、灌输法、沉浸法、混合法。

灌输式教育，又称"注入式"教育，乃本质主义认识论，认定真理的确定性与普适性，强调教育者对受教育者进行知识灌输。该法代表性人物赫尔巴特的《普通教育学》具有鲜明的主知特色，设定了知识本位，认为人具有崇高的、多面价值的知识，便能促进道德、审美等多面发展。

罗素（Bertrand Arthur William Russell）认为："只要教学的目标是产生信仰而不是思维，是强迫青年对于可疑的事情持有一定的意见，而不是使他们看到可疑之点来鼓励他们独立思考，那么，防止自由发问是不可避免的。教育应该培养求真理的愿望，而不是相信某种特殊的信条就是真理。"[①] 国内学界也多指责灌输是空洞乏味的教条主义。

新时代语境下，课程思政改革不仅要关注抽象群体粗放式改革效能，更要将视角触及基层改革实践，关注教师专业发展与学生个体成长，培育师生共育、教学相长的新型学习共同体。虽然完全避免权威主义是难以做到的，但是教师仍旧需要树立积极开展非权威对话式教学的理想。教师需要竭尽所能为学生提供服务，从而在双方的共同努力之下实现对话的进行。

在实践中，需形成具有主体多样性、教学方式适配性、教学过程复杂性等有

---

① 柏特兰·罗素.社会改造原理[M].张师竹，译.上海：上海人民出版社，1959.

机、协调、动态的运行系统与问题解决方案。重视学情分析，优化学习设计生态系统，运用人工智能，深度挖掘学习行为数据，准确把握学生个体认知水平和群体共性问题，关注学生学习体验，解决知识应用与价值引导互不相扰的困顿。人人为师，人人相随，师生均肩负教育者与学习者双重责任，创设学习型组织。关注师生情感体验，重视生命价值。

有美国课程学专家比喻课程是建筑的蓝图，教学则是施工；课程是球赛的方案，教学则是比赛；课程是乐谱，教学则是演奏的过程。课程思政改革需要多种教学方法加持，促进师资创优、教材创优、教法创优。直接教学强调知识的传递，间接教学强化自主、合作、探究、对话。如同美国教育学者鲍里奇（Gray D.Borich）所言："直接教学更容易把握简单学习行为，间接教学更容易把握复杂学习行为。"[①] 两类教学互相补充、相得益彰，教育内容也不再是穷尽具体知识细节，而是多学科、多领域跨界融合。

第二节　高校课程思政的现状

一、高校课程思政的政策现状

（一）思想政治教育开始融入学科教学

党和政府一贯高度重视大学生思想政治教育工作，逐步提出全课制教育理念，深入探索高校各类课程思想政治教育功能，推进德育与学科教学的深度融合。因此，广大教师要以身作则，以高度负责的态度，潜移默化地影响大学生思想、品德、品质、性格等方面。广大教师必须要深度挖掘专业课程中隐含着的思想政治教育资源，在开展专业学科教育时融入思想政治教育，将思想政治教育融入专业学习的每个角落，渗透到课堂教学、科研以及社会实践的方方面面当中，由此才能强化学生的思想道德修养，使学生的文化知识、基本技能、科学素养、政治觉悟得到大幅度提升。

在 2010 年 5 月，德育开始成为高校教育中至关重要的一部分，《国家中长期

---

① 加里·D.鲍里奇.有效教学方法[M].易东平，译.南京：江苏教育出版社，2002.

教育改革和发展规划纲要（2010—2020 年）》审议通过，使"育人为本"的教育工作方针以及"德育为先"的战略主题得到了确认。此外，纲要还明确指出"立德树人，把社会主义核心价值体系融入国民教育全过程"[①]，强调要把德育渗透到教学的各个环节，增强德育工作的针对性和实效性。

2016 年 12 月，在全国高校思想政治工作会议上习近平总书记指出，"要做好各项课程的维护、培养，使其与思想政治理论课相协调，做好思想政治教育工作。"[②] 同月，中共中央、国务院印发《关于加强和改进新形势下高校思想政治工作的意见》（中发〔2016〕31 号），提出把国家意识、法治意识、社会责任教育和民族团结进步教育、国家安全教育、科学精神教育包括在内，进一步加强德育在日常课程体系中的建设。

2019 年中共中央办公厅、国务院办公厅印发了《关于深化新时代学校思想政治理论课改革创新的若干意见》，2020 年教育部印发了《高等学校课程思政建设指导纲要》，2022 年教育部等十部门印发了《全面推进"大思政课"建设的工作方案》，自此，高校思想政治教育工作进入了新的发展阶段，而"课程思政"建设也成为新发展阶段的重要工作内容。

（二）课程思政的专项部署与推进

2017 年 12 月 6 日，教育部印发了《高等学校思想政治工作质量提升工程实施纲要》（以下简称《实施纲要》），提出规划"十大育人体系"的实施路径和方法，构建了一批"三全育人"示范区和示范学校。其中，"课程育人质量提升体系"居"十大育人体系"的首位，有着极其深远的作用与影响。该纲要还明确指出以"课程思政"为目标，加强教学管理、优化课程设计、订正专业教材、改良教学流程，对专业课中的思政元素以及所承担的思想政治教育功能进行梳理与分析，大力推动教学改革，真正实现知识与育人的有机统一。此外，该体系还要求推动习近平新时代中国特色社会主义思想走进教材、走进课堂、走进思想，落实高校课程体系和创新教育教学计划，建立哲学社会科学核心课程教材目录，建立全国优秀教材评选奖励制度，指导高校课堂教学管理工作，培育和评选一批"学

[①] 本社.国家中长期教育改革和发展规划纲要 2010-2020 年 [M]. 北京：中国法制出版社，2010.
[②] 共产党员网. 习近平在全国高校思想政治工作会议上强调 把思想政治工作贯穿教育教学全过程 开创我国高等教育事业发展新局面 [EB/OL].（2016-12-8）[2023-5-31].https://news.12371.cn/2016/12/08/ARTI1481194922295483.shtml？ 10000skip=true.

科教育示范课",建立一批"课程思政研究中心"①。

之后,教育部又印发了《关于加快建设高水平本科教育全面提高人才培养能力的意见》(以下简称《新时代高等教育40条》)等文件,重点针对高水平本科教育建设中的难点问题,以实施"六卓越一拔尖"②计划2.0为指导,提出了一系列的创新举措,提出组合改革。

2019年8月,中共中央办公厅、国务院办公厅印发《关于深化新时代学校思想政治理论课改革创新的若干意见》,强调了在人才培养体系中,要将思想政治教育贯彻始终,大力推动"课程思政"建设,使课程的育人作用得到充分的发挥,使人才培养质量得到大幅度提升。对此各地应积极响应,有条不紊地推进"课程思政"建设。

党的二十大报告指出,要用社会主义核心价值观铸魂育人,完善思想政治工作体系。这为新时代高校思想政治工作指明了方向,提供了根本遵循。推进高校思政课程与课程思政协同育人,是高校思想政治工作体系的重要内容,是全面提高人才培养质量的重要路径,也是落实立德树人根本任务的必然要求。增强思政课程与课程思政协同育人实效,需要在理念、目标、行动、保障上协同发力。

二、各省市高校推进课程思政建设工作现状

(一)加强课程思政的设计规划,精心统筹部署

各省、市课程思政推进工作由各省、市教育厅(教委或教工委)牵头,加强顶层设计、统筹协调、精心部署。为提高北京市高校思想政治水平,北京市高校学习贯彻习近平新时代中国特色社会主义思想和总书记重要讲话精神,全面贯彻、落实全国人大会议精神。高校思想政治工作全面参考《实施纲要》要求,组织实施课程思政研究计划,规范市属学校两级体制机制,深入挖掘各类课程所包含的思政教育资源,推进思政课工作体系渗透人才培养体系。北京市委教育工作委员会组织开展课程思想政治工作,召开课程思想政治现场交流会,总结形成"四位

---

① 中国教育报.高校思政工作质量提升工程实施纲要发布[EB/OL].(2017-12-7)[2023-7-11].http://www.moe.gov.cn/jyb_xwfb/xw_fbh/moe_2069/xwfbh_2017n/xwfb_20171206/mtbd/201712/t20171207_320828.html.
② 教育部关于加快建设高水平本科教育全面提高人才培养能力的意见[J].中华人民共和国教育部公报,2018(09):18-24.

一体四步法",即党与政府、重建同步、显隐方向、师生共进。政治教育与专业课有机融合,结合思政课和学生的认知特点,北京市高校还组织编纂出版了《人民公开课:中国共产党与国家治理体系和治理能力现代化》《莫辜负新时代:"四个正确的认识"大学生读本》等系列补充读物,并产生了良好的社会反响。

(二)结合自身特色开展课程思政

为响应党中央、教育部的号召,各高校在课程思政工作中积极探索,形成了自己的特色做法。中国政法大学开设"习近平新时代中国特色社会主义思想和当代中国"课程,聚焦当代中国的历史变迁和成就,聚焦马克思主义诞生170周年和改革开放40年的历史维度和人类命运等国际维度,从"四个全面"战略布局和"五位一体"总体布局的实践维度,开展了立体化、系统化教学,展现学校从思政课向课程思政转变的成果,是完善学校思想政治理论、优化课程教育体系的一系列新尝试。例如,上海中医药大学为了引导、加深学生对生命的思考与感悟,在"遗体解剖"课程中增添了"对捐赠遗体的感恩"课。南开大学开设"中国发展"课程,校党委书记杨青山、校长曹雪涛、原校长龚克等8位现任和前任校领导先后走上讲台,聚焦教育、科技、文化、安全、政治、能源、生态文明等方面,回顾中国的发展,阐释中国以往的发展,展望中国未来的发展。江苏大学默默地将大学英语课程提升为"课程思政模式"。2017年开始,外语学院国际语言课程中心21名骨干教师组成专项研究团队,分为"听、读、写、译"四大线,充分挖掘每门课程的思想政治教育资源。研讨班针对社会主义核心价值观和中国文化价值观,充分开发大学英语思想政治教育资源,不仅从现有主要教材中挖掘出了丰富的思想政治教育资源,还从《习近平谈治国理政》英文版、中国文化经典英译本、西方媒体报道评论等内容中开发出了思想政治教育资源,这些都是对英语教学与思想政治教育相结合的语言教材的补充。湖北经济学院开设了"当代中国"课程,充分利用当代网络信息技术,构建出了"互联网+思政课"的新型教学模式。该教学模式在校园中得到了充分的发展,也成为湖北省高校探索思想政治理论课的第一门创新课程。该课程结合我国的发展变化与成就,对我国当前的发展形势进行了深入探讨,帮助大学生认识时代、了解国家、明确自身肩负的使命,从而激发了大学生的思想觉悟。"当代中国"课程是开展思想政治理论课程教学改革的试验场,在不断地研究、探索与尝试中,"当代中国"课程结合互联网打造了全新的教学模式，充分利用了微信群、微信助手、微信官方账号等微学习平台。该课程由班主任进行管理，上课前会建立微信群，以方便师生间进行沟通与交流。此外，相关重点学习内容也会以微页面的形式进行推送，从而保障学生在课前就对相关内容进行充分的了解。

（三）注重建章立制，全面有序推进

课程思政作为教育教学的重大改革，需要有配套的规章制度来保障，才能取得更好的实践效果。2017年10月，北京联合大学党委牵头制定了《关于北京高校推进课程思想政治建设的实施意见（2017—2018年）的通知》，要求所有课程"保持一定的渠道，划分好责任场"[①]。为了适应新时代，教师需要主动深化对专业课思想政治教育元素的认知，并充分认识到其所承载的思想政治教育功能的重要性。此外，学校也要积极举办座谈会，积极探索"课程思政"改革，制定相关制度用以保障改革的顺利进行。但切不可操之过急，需要循序渐进、按照一定的发展规律进行，最终形成"学校全面推进，系领导、教师主体"的格局，最终打造出教师有榜样、课程有风格、专业有成果、学院有特色、学校有氛围的和谐校园环境。当前，北京联合大学的15个二级学院全部参与了课程思政实施细则的制定，并对70个专业的课程大纲以及人才培养方案进行了修正。半数以上的专业课教师参与了课程思政教学活动，并建成了27个示范性课堂。在中国传统文化、中国特色社会主义文化以及习近平新时代中国特色社会主义的共同作用下，北京联合大学打造出了独具自身特色的、具有北京风格的红色文化课程体系。

浙江大学深入推进从思政课程向课程思政转变的教育教学改革，鼓励教师担任"新生之友""德育导师"等，在岗位聘任制中将立德树人作为各类教师和人才聘任的必备条件；其汇聚了具有丰富实践经验的高水平社会师资，推动思想政治理论课"专家大报告＋教师重点专题讲授＋学生研究性学习＋现场教学"四位一体教学模式落地，充分挖掘各门课程的思想政治教育功能，进而优化协同育人环境和实践育人机制。华中科技大学积极打造一套思想政治教育体系，该体系以学科专业导论课程作为依据，并补充了精品综合素养课程的相关内容，使得思政教育在专业课教学的帮助之下得以加强。此外，该体系还要求内容专业课与思政将

---

① 吕云涛.从理念到实践当代高校课程思政路径探索[M].长春：吉林大学出版社，2022.

结合，制订出完善的、科学的教学内容计划，从而逐步实现课程思政理念在所有专业课教学中的全覆盖。如电气与电子工程学院程时杰院士坚持为新生讲授"电气工程导论"研讨课，引导学生将行业需求与国家发展需求和个人规划相结合；外国语学院谭渊教授引导德语专业学生阅读和学习德文版《共产党宣言》，增强学生对中国道路、理论、制度、文化的自信。北京林业大学坚持以习近平新时代中国特色社会主义思想为指导，深入推进课程育人工作，充分挖掘和运用各门课程蕴含的思想政治教育资源，实现思想政治教育与知识教育的有机统一。学校党委召开思想政治工作会议，统一思想、提高认识，明确将课程育人作为思想政治工作的核心任务。除此之外，北京林业大学还召开课程育人专题工作会，组织动员基层学院研究部署、落实课程育人的具体举措；启动课程育人体系建设攻坚计划，明确大纲、教材、教案、教学、督导、评价等修改完善任务，强化育人功能；印发《北京林业大学深化本科教育教学改革总体方案》，明确要求提炼专业"课程育人"元素，并将其纳入教学大纲；编制《人才培养能力提升总体规划》，实施"青蓝"卓越青年教师成长计划，常态化、制度化提高教师"课程育人"水平；编制"课程育人"评价指标体系，重点对教学过程、育人质量、学生获得感进行综合评价；大力选树典型，计划利用2—3年时间评选100名"课程育人"模范教师，建设50门精品课程，打造100个示范课堂，宣传推广可借鉴可复制的优秀教案、先进教法。

为改变思想政治理论课"孤岛化"现状，实现思想政治课向课程思政课的转变，真正实现全课德育，江苏科技大学正在探索在全校范围内开展"课程思想政治衔接行动"。该大学通过实施从思政课到思政课的教育教学改革，汇聚并有效整合各类课程资源和师资，有效促进思政理论课教师与非思政课教师的交流、借鉴和融合，督促学校各门课与思想政治理论课同向育人，使每门课都能育人，每一个教师都担负育人的责任，最终形成全校的全学科协同教育大局面。

三、高校课程思政工作的主要成效

（一）打造品牌课程

各高校在推进课程思政过程中，致力于打造符合自身特色的优质系统品牌课程。例如，上海交通大学推出的"阅读和理解中国"活动、复旦大学打造的"治国理政"、华东理工大学研究的"绿色中国"、东华大学推出的"锦绣中国"等。"中国系列"课程注重内容贴近实际，在教学中传递正确价值、知识，注重从问题走近人，在重大理论和实践问题分析中加强思想引导，并根据问题所属的不同领域进行分类，根据问题对学生的深入影响层次进行分层，展现曲径通幽的教学魅力；师资方面，重点聚集各课题高水平团队和行业领军人才，借由红色元素提升品牌吸引力。此外，还有南开大学开设"中国发展"课程，回顾中国发展，阐释中国发展，从教育、科技、文化、安全、政治、能源、生态文明等方面展望中国的发展。

一些高校在课程设置或教学设置上创新了模式，提高了思想政治教育实效。例如，武汉大学推出的"院士课堂"将专业学习与爱国主义教育有机结合；北京林业大学提出"5分钟森林思维"课堂新模式，让专业教师尽量引导学生在课堂上利用5分钟时间进行具体专业问题、现实社会问题的思考，充分挖掘专业课程所包含的思想政治教育资源，在教学环节加强教育导向，使专业课程与思想政治理论课走向一致。

（二）理清管理机制

课程思政的基础在课程，重点在思想政治教育及教师。实际工作中难免会遇到因管理机制问题引发的瓶颈，所以必须对管理机制进行创新。省、市教育主管部门和高校不断加强了顶层设计，着力解决课程思政话语体系建设、思想政治理论课等课程协调机制问题，高校内部制度的合作机制和思想政治问题，理论课教师、专业课教师、辅导员与其他教师之间的"立交桥"联动机制问题，业务培训和工作效果评价机制等问题。这些问题既是当前课程思想政治工作实践中的重点问题，也是进一步提高工作质量的难点问题。

（三）强化资源配置

随着课程思政工作的深入展开和越来越受重视，各省、市教育主管部门和高校为全力推进课程思政工作，不断增加了资源投入。

（四）开展研究支撑

课程思政工作是一项在探索中逐步展开的重要工作，对于具体实施过程中可能遇到的一些紧迫问题，有关学者需要加强相关研究，提供持续的智力支持，教育部需要率先示范。2015 年以来，在"高校示范马克思主义学院和优秀教研团队"项目重点课题中，创办"支持哲学社会科学教师参与思想政治理论课教学研究"等课题组，思想政治理论课教学借鉴了其他学科的研究成果，开设了"思想政治理论课特聘教授制度建设研究"和"思想政治理论课兼职教师队伍建设研究"理论课程。学校研究课题的发布、专题研究项目的设立等，均围绕高校思政课程实施路径、评价体系等方面展开深入研究，形成了课程思政课程热潮。在中国知网搜索课程思政学科，会发现相关论文数量逐年增加。

（五）提升育人实效

思想政治课程的主要目的是整合所有课程的价值观，将思想政治教育融入学校教育教学的全过程，在主渠道中落实教书育人的内涵。有效的思政课堂教学能让所有课程都彰显教育价值，让立德树人默默滋润所有受教者。其课程理念致力于让"有意义"的课堂变得"有趣"，让"最难讲"变成"最精彩"；致力于解决少课时、多内容的矛盾，直击学生的思想矛盾区，有效唤起学生的共鸣等。高校名师在具体工作过程中，需要在传授知识的同时，讲解知识背后的逻辑、精神、价值、思想、艺术和哲学，融合多种教学方法，巧妙在教学内容中嵌入知识的精髓。在课堂中宣扬社会主义核心价值观，其本质在于多元化的课堂教学，将正确的价值追求和理想信念，以"润物无声"的形式有效地传递给学生。这种潜移默化的方式深受学生喜爱，得到了良好的教学效果，有效地实现了师德修养、立德树人的教育目标。

例如，同济大学围绕着"创新、协调、绿色、开放、共享"五个发展理念打造出了"中国路"课程，使学生能够从不同的角度深入了解"中国路"的内涵。"中国路"课程每学期都会举办 6—8 次的专题讲座，且由名师进行讲解。复旦大学在全国率先举办十场习近平新时代中国特色社会主义思想讲座，将党的精神弘扬进教材、进课堂、进思想，在全国范围积极推进课程思政共享网络课程建设。

四、高校课程思政建设存在的问题

（一）理念层面的问题

当前，有一部分高校的师生在进行课程思政教育理念学习时存在着认同困难，这给"课程思政"改革带来了一定的阻碍。有些师生对"课程思政"改革的认知不充分，因此造成了改革落实不到位的情况的发生。

站在教师的角度上来看，很多教师没有对"课程思政"改革进行充分、细致的了解，没有对改革的目标、内容以及对学生产生的积极作用影响进行深入了解。这就导致很多教师认为"课程思政"改革浪费了大量的课堂教学时间，会使自己的工作压力更加繁重。当前教师需要承担的工作任务众多，除了日常的授课之外，还需要进行课题研讨、论文写作发表、会议报告、经费报表、指导学生日常生活和学习生活中的诸多问题等各种工作，这些工作挤满了教师的工作时间，使教师没有时间深度挖掘学科思想政治教育元素，更没有时间将其融入课堂进行学科与思政相结合的教学。

站在学生的角度上来看，高校学生对于"课程思政"的抵触情绪较为集中，主要体现在两个方面上。一是"思政课程"建设的过于单一化，二是外在信息对自身价值观的影响。伴随着互联网与社交媒体的发展，信息得到了广泛的、快速的传播，这也就导致学生很容易接收到各式各样的信息，其价值观的塑造也因此而受到了影响。良莠不齐的信息会导致学生的价值观左右摇摆，思想认同方面也很容易走上歧途，这都是当前"课程思政"改革所需要解决的重要问题。

（二）协作层面的问题

虽然当前各大高校大力开展"课程思政"建设，各个学科也都积极、踊跃地将思想政治教育元素融于学科教学的过程当中，进而实现协同育人，但是仍旧存在着诸多问题，例如，理论与实践脱节、开发内容长久固化不发生更新改动等。思想政治教育元素主要针对的是大学生的思想品德塑造，然而对于那些逻辑性强、专业度高的理工类学科、自然类学科等，思想政治教育元素能够发挥出的作用就极其有限了。这些学科的专业知识难以与思想政治教育相结合，这也就导致了相关专业与思想政治元素融合的方法存在着较大的同质性，不同学科间不良的协同教育发展进一步造成了整个协同育人过程的欠佳。

第三章　高校各学科专业课与课程思政的协同模式

本章主要讲述高校各学科专业课与课程思政的协同模式，从三个方面展开分析，分别是高校各学科专业课与课程思政的相互协同模式的理论诠释、高校各学科专业课与课程思政的相互协同模式构建的困境以及高校各学科专业课与课程思政的相互协同模式的路径分析。

第一节　高校各学科专业课与课程思政的相互协同模式的理论诠释

一、高校专业课程蕴含着育人资源

专业课程所蕴含的思想政治教育资源因其专业、学科属性不同而有所差异，但又因其都属于专业课程范畴，所以其中的育人资源也必然存在共性。

（一）专业课的课程教学

1. 专业课的教学时长

专业课的教学时长主要由单次时长和总时长两方面构成，而学生接受专业课程和专业课教师直接影响的时长也受专业课教学时长所决定。专业课的教师通常会根据教学时长适时调整自己的教学计划，尽量使得在教学中对于思政教育的分配更加合理科学。此外，教师在教学过程中所展现出来的思想政治素养也会潜移默化地影响着学生的思想与行为。以上海外国语大学的"翻译理论与实践"课为例，教师会专门拿出15分钟的时间开展时事用语教学，这期间教师能够与学生一起探讨近期时事，并鼓励学生发表自己的观点，以此来向学生传授积极思想与观念。这种教学方式既摆脱了机械式、单方面的知识灌输，同时也极大地提高了学生的学习热情，更能够帮助教师掌握学生的思想倾向，一旦发现问题可以及时对其进行思想政治教育。

2. 专业课的专业视野

人们从不同的角度去看待事物，就会对事物产生不同的见解。在学校，专业课程由于其专业性和学科属性的差异，所展现给学生的专业视野也是不同的。学生因受专业学习研究的影响，渐渐地也会不自觉地用专业视野观察和认识世界，从而改变自己的世界观。正确的专业视野对于推动专业课课程思政教育是十分重要的，它能够帮助学生树立正确的"三观"，有助于培养他们成为承担中华民族伟大复兴使命的接班人。

3. 专业课的精神内涵

专业课的精神内涵的侧重点因专业课的特点和要求的不同而有所差别。如社科类专业课程侧重向学生灌输人文精神；理科类专业课程侧重向学生灌输科学精神；工科类专业课程侧重向学生灌输工匠精神等等。这些专业课程中所教授的精神内涵，为专业课开展思想政治教育提供了必要的条件，只有将精神内涵融入专业教学中，并通过专业实践不断强化，使精神内涵内化到学生的心中，才能让专业课课程思政工作真正落到实处。此外，在教学中实施思政教育不可避免地会提及一些名人大家，他们能够在各自的领域中获得巨大的成功，就说明他们在专业领域或精神品质上肯定有着出色的地方。向同学们介绍这些名人大家的出色之处，可以激励与感化学生。例如，上海中医药大学的"人体解剖学"课中融入了感恩与责任意识教育，通过积极在课堂上展现尊重生命的精神内涵，让学生在学习基础的解剖技能外，还能引发其对生命意义的深刻反思，并重新审视医学生的责任所在。

（二）专业课的教材设计

在专业课程思政的背景下，作为专业课程的核心内容，专业课教材也要承担起推动思想政治教育发展的重任，这就需要抓住并运用专门课程教材所具备的能发挥思政教育功能的特征。

1. 专业课教材的严谨性

专业课教材可以说是大学生着手了解专业知识的根基，是大学生进行专业课学习的敲门砖，所以专业课教材在内容编排时首先要确保具备严谨性。如社会科学类专业课教材的内容要准确，自然科学类专业课教材的数据要真实，这都需要编排人员始终保持严谨态度。这样才能保证教材具备权威性，同时也能够让学生意识到严谨的重要性，使其能够自觉将严谨意识融入专业课学习和研究过程中。

2. 专业课教材的可读性

当前很多专业课教材趣味性低，没有什么可读性，出现上述现象主要是由于现在的专业课教材只重视专业理论的讲解，而忽视了把专业知识和学生所关注的热点问题联系起来。要增加专业课教材的可读性，首先，要将专业知识联系到现实生活中去。如，社会科学类专业教材可以引入一些社会热点时事，让学生从专业角度进行思考与探讨；自然科学类专业课教材可以通过分析现实中的现象来解释专业理论知识，使学生对专业的理论知识有更深刻的了解。其次，要在专业课教材中融入专业精神和职业道德等元素。例如，在某一领域内可以介绍一些著名的专家的生活经历，着重强调他们的精神品格，使同学们在学习专业知识的过程中，也可以从中找到自己的楷模。

3. 专业课教材的进步性

世界总是在不断地发生着变化，专业课的学习与研究也在不断地深入，进入了一个又一个新的阶段。大学生对自己的专业领域初次了解就是通过专业课教材完成的，所以教材的内容要实时更新、与时俱进。因此，专业课教材不仅仅是要解释专业领域知识技能有关内容，还需要向学生展示目前专业领域研究的前沿成果和方向，使学生对目前专业领域的发展状况和今后的发展方向有一个全面的认识，使学生既能掌握专业知识，又能找到自己感兴趣的地方以及自身的突破点。

（三）具体专业课程的育人资源

各种专业课因为同属于专业课范围而存在共同之处，但又因为学科属性差异而各有特色。接下来主要根据自然科学类和社会科学类课程的相关情况，对属性不同的专业课的育人资源进行阐释。

1. 自然科学类专业课课程育人资源

（1）自然科学与思政教育的内在关系

第一，思政教育的指导思想和核心内容依赖于自然科学。首先，我国各高校思政教育的指导思想与核心内容是以马克思主义理论为基础形成的；其次，马思主义理论的主要来源就是自然科学。这就使得思政教育与自然科学产生了紧密的联系。

第二，自然科学又是思政教育目标得以实现的一个重要载体。我国思政教育目标是将学生培养成为德才兼备、德智体美劳全面发展的社会主义建设者与接班人。而在自然科学教学中，倡导培养大学生"求真创新"的科学精神，这与引导大学生养成"关心人和社会"的人文精神有机结合起来，成为实现思政教育目标的载体。在自然科学研究的深化过程中，自然精神也在不断地发展和演变。其实，在真正理解科学精神之后人们才能发现，科学精神最核心的内涵是"求真创新"，它在人们对自然科学的探索中发挥着十分重要的作用。此外，"求真创新"这一核心内涵及其由此而产生的一系列精神特质，正是自然科学为人们带来的珍贵精神财富。近代科学出现之后，自然科学所蕴含的人文精神便与自然精神产生了密切的联系，自然科学技术的成果无不彰显着人文精神。例如，现代医疗技术的进步缓解了疾病带来的痛苦，提高了人们的生活品质；机械化、自动化技术使得人类摆脱了繁重的体力劳动。这些伟大成果是由一代代杰出的科学家们付出了毕生的心血甚至是自己的生命而得来的，他们所做的一切只是希望国家、社会以及民族都能拥有美好的未来，这也体现出了自然科学与人文的高度融合，说明了自然科学肩负着完成大学生思政教育目的的重任。

（2）自然科学类专业课程所蕴含的思政教育资源

自然科学虽然是从哲学体系中脱离出来的一门学科，但其研究还是要依赖于哲学思想的引导。也正是因为这一原因，自然科学类专业课程中的思政教育资源极为丰富。

其一，自然科学类专业课所包含的自然科学的定义与原理都涉及唯物辩证法的理念，学生在学习过后可以建立正确的世界观、方法论。就拿物理学来说，分子和原子的有关理论对辩证唯物论的思想进行了强有力的论证，也可以体现唯物辩证法中的发展观和辩证否定论。若是教师在教学的过程中向学生传授这些知识，不仅能够提高学生的分析判断能力，提升课堂教学的质量，还能够让学生深入理解掌握马克思主义理论，并通过其指导构建正确世界观和方法论。

其二，学生在对自然科学类专业课的学习和研究过程中，会受到知识背后的创作者的精神品质的熏陶，能在无意识的情况下养成好的生活方式和生活习惯。

学生在进行自然科学类专业课的实验时，失败是很常见的事情。作为一名专业的教师，在这个时候若能适当地进行指导，就会有助于帮助学生形成良好的精神品质。同时，在一次又一次的失败，直到获得成功的经历中，学生们也会从中学到认识的规律，认识到实践的重要性，并在实践中养成实事求是的态度。

2. 社会科学类专业课课程育人资源

（1）社会科学与思政教育的内在关系

社会科学是知识的、学术的和意识形态的阐述和表达，是对社会现象和人的思维活动进行研究，从而揭示出人类社会发展规律的一门学科。上述定义也说明了社会科学是大学思政教育的主要载体。二者的关系主要体现在两方面，一是社会科学对高校学生的思政教育工作提供重要的学科支持与学术资源，是对高校思政理论课的一种有效的补充；二是在课程设置上，社会科学类专业课和高校思政教育理论课之间存在着互补的关系，能够促进彼此的发展。

（2）社会科学类专业课程所蕴含的思想政治教育资源

第一，许多社会科学类专业课都显现出意识形态属性。社会科学类专业课是一门综合性的课程，包含知识体系和价值体系两大部分，这两大部分将科学知识教育与意识形态教育相统一。虽然各类社会科学类专业课程在知识内容和研究对象上存在着一定的差别，但它们的内容都与世界观、价值观和人生观等问题相关联。针对上述问题，社会科学类专业课程中的思想政治教育资源十分丰富。就以历史学专业课为例，教师要在教学过程中让学生真正理解为什么人民群众是历史发展的主体、为什么人类社会发展须依靠人民，以此增强学生对马克思主义唯物历史观的认识。这样的教学方式既可以帮助学生更好地了解社会科学类专业课程的知识，又可以对学生进行正确的世界观、人生观和价值观的培养，使学生产生较高的责任感和使命感，进而使其能够以积极的人生观和人生态度去对待任何事情。

第二，社会科学类专业课程在培养学生道德品质等方面有着重要的意义。社会科学类专业课程具有很强的理论能力，能够拓宽学生的视野，增强学生对是非、善恶的辨别能力，在无形中影响着学生的思想与行为，从而使他们树立起自己的道德目标和精神榜样，提升他们的道德情操与精神境界，进而提升他们的思想政治素养。

第三，社会科学类专业课能够提升大学生的综合素质。首先，社会科学类专业课程培养学生的综合素质是从多个角度和多个方向展开的。这有利于使学生得到全面的发展，从而为国家和社会培养出有纪律、有理想、有文化的时代新人；其次，社会科学类专业课能够让学生养成健康、理性以及平和的心态。

二、高校专业课程具有育人功能

（一）知识传授

其一，高校专业课程最基本的作用就是传授知识与技能。但是在专业课的教学中，传授知识与技能应该与社会文化结合进行，也就是说，在专业课中知识与技能的传授在一定程度上也会带有社会文化的传承；其二，专业课教学是以解决专业问题为主要目的的，而创造性思维与创新意识是研究与解决问题必不可少的东西。传授知识的过程中，也持续地进行着科技文化的革新，所以专业课程的知识传授功能也就具备了文化创新的价值。

（二）价值引导

其一，专业课教师在与学生日常相处的过程中产生的言语与行为，都会影响大学生价值观的塑造。因此，若教师在教学过程中遵循社会主义核心价值观，在一定程度上也会促进大学生更快地内化社会主义核心价值观；其二，专业课自身所蕴含的专业要求和精神与社会主义核心价值观以及社会主流理念完美契合，教师可以充分利用专业课对思想政治教育的渗透功能，让学生在接受知识的过程中形成正确的价值观；其三，经过专业课的学习，学生在遇到学校突发事件和社会热点的时候，可以从专业的角度进行价值分析，进而作出正确的价值判断。

（三）行为规范

一方面，专业课教师的一言一行对学生起到了很好的示范作用。我们可以认为专业课教师是学生在其专业领域的引路人，是学生效仿的榜样。榜样的影响力是很强大的，如果专业课教师可以在学生面前遵纪守法、规范自己的道德行为，那么学生也会不自觉地遵守校纪校规、规范自己的行为。

另一方面，专业知识的学习又在某种程度上约束着大学生的行为。在学习专业知识的过程中，大学生也会将专业要求和精神内化于心，在这种潜移默化的作用下，他们的言行举止都会下意识地按照专业要求和精神来实行，久而久之便养成习惯。

三、各学科专业课"课程思政"与"思政课程"的协同

（一）学科专业课"课程思政"与"思政课程"协同的作用

1. 二者步调一致

"课程思政"与"思政课程"齐头并进、步调一致，更多地体现在政治、文化、理论等宏观层面上，这有助于我们更有效地开展思想政治工作，并且极大地提高了行动效率。与此同时，在我国上层建筑的构建过程中，"课程思政"也要顺应"思政课程"的步伐，对思政教育进行适当的调整，以达到立德树人的目的，推动我国人才教育的持续发展，从而为国家的经济建设提供大量的优秀人才。

2. 二者相互补充

"课程思政"与"思政课程"相辅相成、相互补充，实质上是为了优化思想政治教育的结构，使教育行为更具系统性和科学性。因此，我们要把"课程思政"与"思政课程"严格区分开来，确保二者相对独立。在此基础上，进一步优化"思政课程"和"课程思政"，明确二者的内容与边界，进一步完善教育体系，推动立德树人工作的落实。

3. 二者相互促进

二者相互促进是指将"课程思政课"纳入"思想政治课"，同时"思想政治课"又推动"课程思政课"的纵深发展，二者起到相辅相成的作用。但是，想要二者之间得以相互促进，首先要先解决两个问题，否则，二者都无法得到很好的发展。其一，"课程思政"该怎样推进"思想政治课"建设。在理论和科学的支持下，课程思政工作得以持续发展，从而使得"思想政治课"获得优化。其二，在"课程思政课"中还应进一步探索如何推动"思想政治课"。倘若"思想政治课"能发挥正面的导向作用，便会在教学过程中有恰当的示范，进而便能减少"思想政治课"在发展的道路上的障碍。在其他方面，始终坚守社会主义的教育方针，能够对中央精神进行及时和深刻的解读，使"思想政治课"的层次得以提高，对"课

程思政"的发展起到一定的推动作用。

"思政课程"实际上是高校开展思想政治工作的主要途径，也是"课程思政"的重要组成部分，其内涵与外延都是以德育为核心的。因此，我们不能片面地理解"课程思政"，而要把它和"思政课程"结合起来进行深入研究、实施，这样才能真正为国家培养出高素质的人才。

（二）学科专业课"课程思政"与"思政课程"协同的必要性

1. 是新时代新变化的必然要求

《中共中央关于认真学习宣传贯彻党的二十大精神的决定》指出："学习宣传贯彻党的二十大精神是当前和今后一个时期全党全国的首要政治任务。"[1] 党的二十大是一次高举旗帜、凝聚力量、团结奋进的重要会议，是在中国特色社会主义发展的关键节点上召开的。以习近平同志为核心的党中央，不但对新世纪以来党和国家发展发生的深刻变革进行了概括，而且对今后全面建设社会主义现代化面临的新情况、新任务也作出了正确的判断，把马克思主义理论的创新提到了一个新的高度。党的二十大是回答新时代建设中国特色社会主义这一重大理论与实践问题的一面旗帜，对我们今后的工作具有重要的指导意义。对学生们开展思想和行动上的教育，既可以使党的二十大精神在大学生中更为广泛地普及，又可以促使课程思政在内容和方式上跟上时代的步伐，促进立德树人根本任务的顺利实施。

当前，中国早已置身于"全球化"的大潮之中，我们要做的就是以更广阔的视野，深入了解中国的发展趋势，引导学生以正确的眼光看待世界的发展。为了更好地应对这种情况，高校的思政教育必须体现出新生代的特征，为中国培养更多优秀人才。

增强社会文化自信对提高中国特色社会主义建设水平有着重要作用，这是中国梦得以实现、中国与国际接轨的根本所在。当代大学生是未来国家发展和民族振兴的中坚力量，其思想政治素质如何将直接关系到我国社会主义现代化建设事业是否能够顺利推进。在新形势下，高校思政课的开展既能促进大学生树立正确的价值观，又能增强他们的政治意识。中国当前经济运行状况良好，但在意识形

---

[1] 中共中央关于认真学习宣传贯彻党的二十大精神的决定 [N]. 人民日报，2022-10-31（001）.

态方面情况不容乐观。因此，要加强对青年的思想教育，提高他们的安全责任感。构建思政课体系要基于中国国情，将中国独有的历史文化考虑在内，实现爱国主义和文化品格教育的有机结合。

为此，在新形势、新要求下，为培养社会主义合格的建设者和接班人，"课程思政"和"思政课程"必须共同发挥其应有的功能，才能发挥出强大的、正面的影响力，进而达到教育教学的终极目的。

2.是思想政治教育的本质要求

思想政治教育是一种对人的世界观、人生观、价值观起着重要作用的一种特殊的教育活动，它是促进人实现社会化的重要途径。它的最终目的在于促进社会的进步，促进人的全面自由发展。思想政治教育的价值包涵了两个方面，分别是个体价值和社会价值。其中，个体价值的体现在于思政政治教育通过对人的关怀和培育，逐步地满足人类精神层面的需求，从而促进了人的全面发展。而社会价值的体现在于：通过宣传工作，凝聚社会的力量，让公众达成共识，实现意识形态的统一，尽可能地实现社会的整合，从而促进社会的稳定发展和相应的秩序建设。自改革开放以来，随着全球化进程的加快和各种文化思潮的渗入，人民群众的思想意识日益丰富。当前首要做的事情就是考虑如何在多元化中寻求统一，并能够抓住主导权。思想政治教育在理论上的阐释和价值导向的作用下，增强了人们的国家认同感，同时借助理论知识的普及，激发了群众的热情，从而推动社会和谐发展。因此，大学课程改革的中心工作不仅要保证过去的思想政治课程持续更新，而且要主动挖掘各种课程的教育资源。每个教育工作者在实施立德树人的进程中，都要担负起自己的职责和义务，这是教育工作者的历史使命与责任。

3.是高校教育理念转变的迫切需要

"课程思政"与"思政课程"同向发力在一定程度上也算是高校教育的一次创新性的尝试。教育活动离不开教育理念的指导，因为只有教育理念指导得准确无误，才能保证教育活动顺利开展。直到现在，高校育人的实施依旧将目光集中在思想政治理论课程上，从未考虑过除思想政治理论课之外其他课程的育人功能。然而，高校思想政治教育作为一项具有极强系统性的工作，若是仅靠思想政治理论课程是很难达到"课程思政"协同育人的要求的。这就需要向各个教育工作者灌输"协同育人"的工作理念，让大家都开始注重其他课程的育人功能。我们要将课堂教学这一渠道的作用发挥到极致,思想政治理论课也要不断改进、不断强化,有针对性地进行思想政治教育,让学生的成长发展需要和期望得到充分的满足。而其他课程也要"守好一段渠、种好责任田",让所有的课程都能与思想政治理论课齐头并进,发挥出最大的作用。协同育人理念要求各高校的教师都要把育人作为自己的第一要务和职责,并贯彻于自己的教学过程中。鉴于我国高校的性质是社会主义高校,其首要使命是培养社会主义合格的建设者和接班人,因此,各高校需要基于此战略安排,深刻地认识到"课程思政"与"思政课程"齐头并进的重要性。

四、各学科专业课"课程思政"协同育人的实践依据

由于全球思想文化的交流碰撞以及科技的突飞猛进,我国教育事业在一定程度上受到了一些影响,其中对思想政治教育提出了新的要求。只有不断地提出时代命题,解决自身实际问题,时代才会继续向前发展进步。"课程思政"是一种顺应时代发展要求的教育理念,它对提高高校思想政治教育的实效具有重要意义。所以,"课程思政"包含着时代诸多发展需求,有着强大的实践依据。

(一)意识形态教育的复杂性

具体来讲,"课程思政"协同育人工作的推进受思想教育的重要性以及复杂性所影响。意识形态算是一种"软力量",与其说它代表特定阶级、利益群体的独立权力,不如说它是某一特定社会统治阶级的基本利益的反映。著名思想家马克思在著作中曾提到过意识形态的重要性:"如果从观念上来考察,那么一定的意识形式的解体足以使整个时代覆灭。"[1] 因此意识形态的完备,不仅需要从顶层设计上给已有的政治制度构建一个理性的思想体系,还需要运用一些方式与途径说服社会成员认同这些思想观念,让他们能够在行为举止以及价值观塑造等方面自觉遵循这些思想观念。而只有通过教育的方式,意识形态才能被社会成员所接受,并成为实践活动的依据和动力。意识形态对群众的引导是一个非常复杂的过程,它必须要用特定的价值符号来对社会政治经济制度、社会决策进行论证,涉及社会的各个方面。意识形态的核心目的是使得社会成员在态度倾向、行为实践、理

---

[1] 中共中央马克思恩格斯列宁斯大林著作编译局.马克思恩格斯文集:第8卷[M].北京:人民出版社,2006.

想信念以及情感生成等方面实现内在统一，而且这种统一又与社会主流意识形态相契合，这是一个包含多元因素的综合性议题。此外，高校是意识形态实施的重要场所，其担负着意识形态教育的很大一部分。若想将大学里的各种教育资源进行整合，以形成意识形态教育育人合力，就必须以课程为主要的育人载体，以此实现个人和社会之间、实践活动和思想信念体系之间的内在转换。

以课程为载体将教育资源进行整合，意识形态教育目标要将明确各学科所包含的特定价值取向与社会主义核心价值之间的关系作为思考的先决条件，在课程教学过程中为产生社会主流意识形态创造一个有利的环境氛围。在积极思想观念的渲染下，学生在研究学科知识体系框架的过程中也能够培养自己积极的情感态度、正确的价值观、科学合理的思维方式等等，如此一来，学生在应对各种价值信息的时候，也会自觉地向着主流意识形态的要求靠拢。意识形态是一个复杂程度极高的思想体系，涵盖了政治、法律、哲学、宗教等众多方面。它与"课程思政"的协同育人在教学内容上具有内在的一致性。在对学科总体框架与专业知识的准确掌握下，利用课程作为思想政治教育体系的载体，是目前高校思想政治教育工作的当务之急。

（二）"立德树人"根本任务实现路径的多维性

党和国家一直把培养共产主义信念、社会主义意识形态放在重要位置，高校肩负着培养人才的重大职责。"立德树人"的根本任务在经过阶段性的演变后，逐步变得清晰起来：中华人民共和国成立以来，至20世纪的60、70年代，教育工作的重点是对国家、对中国共产党以及对社会主义的认识，注重培养受教育者的爱国主义精神以及社会主义情感，树立受教育者的辩证唯物主义和历史唯物主义的观点；20世纪80年代至90年代，要求拥护党的领导，始终坚持正确的政治方向，坚持社会主义发展的方向，在"四有新人"中，把有理想、讲品德的品质培养放在第一位；21世纪的教育应加强对大学生的世界观、人生观和价值观的教育，培养他们的社会主义理想信念；新时代，立德树人则是教育的根本任务，要求把"立德"放在培养民族复兴的时代新人的整体布局规划中。从这一点可以看出，党和国家始终把培养社会主义建设者和接班人作为主线任务，并在每一个环节都贯彻落实此任务。仅凭思想政治理论课很难达到立德树人这一根本任务，因此，我们可以把其作为一种系统性的育人项目来看待，通过充分运用各种教育载体、扩大思想政治教育主体的范围、健全思想政治教育的长效机制等多方面来促进教育目的的达成。此外，还要扩大思想政治教育的覆盖面，把思政课程和各种课程作为主要内容，并辅以学校党委领导下的日常思想政治工作，构建一个系统、科学的思想政治教育环境。这样才能实现意识形态教育的目标，完成立德树人的根本任务。

"课程思政"协同育人就是从拓展课程这个教育载体的维度上，寻找实现"立德树人"根本任务的途径。在新的时代背景下，我们首先要把思想政治工作贯穿于整个教育教学活动之中。

"课程思政"协同育人打破了传统的思想政治教育课程载体，把握住了课程教学这个核心环节，让思政课与各种课程相互融合，同向同行，通过汇聚各学科之力共同完成立德树人的根本任务。这种教学方式为德育工作带来诸多益处，它既可以最大限度地降低对德育的负面影响，又可以把握好德育课程凝聚力与向心力。为此，立足新时代立德树人的根本任务，培养能够担当起民族复兴重任的时代新人，建立"课程思政"协同育人体系是符合时代需要的一条有效途径。

（三）思想政治教育课程建设和改革的不断推进

过去，高校的价值引领功能主要局限于高校思想政治理论课程上。当前，非思想政治教育专业的学生频繁出现"边缘化""无知"等现象，使高校面临严峻的考验。这时，就需要高校各个学科课程教学过程中的知识传授和价值导向达到"同频共振"，以此来解决高校思想政治教育和职业素养培养的错位问题。"课程思政"是高校思想政治教育理论课教学改革的必然要求，同时也是高校思想政治课教学改革的一次有益尝试。

随着时代的发展，"课程思政"理念逐步清晰，并在实践中得到了初步的确立。第一阶段是在高校教学工作的各个环节上，通过加强思想政治教育，重新塑造大学生的共产主义理想信仰。早在20世纪80年代，中共中央、国务院就已经明确提出，要把一些大学的思想政治课，尤其是一些思潮课，看作是对马克思主义理论课的一种补充。之后，教育部印发了《关于在高等学校逐步开设共产主义思想品德课程的通知》和《关于高等学校开设共产主义思想品德课的若干规定》，这些文件指出，要用马克思主义来统领整个教育工作，要用马克思主义思想来占据育人的主要阵地，切断错误思想的蔓延渠道。在此期间，各高校通过一系列的思想课程以及有关的讲座来支持马克思主义理论课的教学。同时，为应对时代的变化，特别是科技革命给意识形态带来的重大影响，哲学社会科学、自然科学、艺术类等学科根据各自的特点，在各个方面为马克思主义理论课的发展给予了不同的支持。第二阶段是把马克思主义理论课和哲学社会科学相结合。20世纪90年代，将马克思主义最新的理论成果引进教科书、课堂和思想的热潮不断涌现，在哲学、政治经济学、科学社会主义等思想政治理论中明确地渗透了马克思主义的最新理论，在其相关学科的教学环节中也得以显现出马克思主义最新理论。21世纪以来，教育部把哲学社会科学研究者、思想政治工作者作为教育的主体，把哲学与社会科学看作是从属关系。中国绝大多数学科都存在着思想政治教育的空间，而哲学和社会科学学科同样具有发挥其应有作用的潜力。第三个阶段则是在高校的各个学科中，对学生进行思想政治教育。

第二节　高校各学科专业课与课程思政的相互协同模式构建的困境

要构建"课程思政"协同育人的新局面，就必须对"课程思政"在实践中所面临的种种现实问题进行明确界定，扫清其前进的障碍。以"课程思政"关涉到体制机制建设、资源整合以及教育主体协同等多个方面，是一个系统性的工程项目。要准确、高效地进行各种课程与思想政治教育的有机结合，必须确立问题意识。

一、课程思政协同育人体制机制不完善

当前，我国各大高校在"课程思政"建设方面进行了一些有价值的探索，积极将"课程思政"育人理念融入学科专业课教学过程中，同时在多方联合努力下形成了一批示范性课程。但是，从顶层设计、实践操作、评估体系三个层面来看，这些方面的制度性支持都比较薄弱。目前，我国高校育人工作中仍然存在着思政教育不规范，甚至缺失的问题，这就导致了"课程思政"的协同育人很难得到有效的开展。

（一）顶层设计碎片化，主体责任不清

"课程思政"的育人主体是多主体的集合，涉及学校党委、各学院党委、教学管理部门和学生工作机构。因此，要将"课程思政"理念贯彻落实置于学校发展的战略高度，以顶层设计的角度对各个主体的工作责任进行清晰界定，力求确立高校"课程思政"团队建设的目标，建立综合组织架构。通过分析，可以看出，高等学校内部的组织架构十分明确，各个部门也因此分工明确，保证了高等学校各项工作的科学化、有序化开展。但是，以"课程思政"理念为指导，建立全员、全课程思想政治教育体系，需要多个学科协同配合，形成一个完整的、有针对性的、可操作的协同工作体系。在"课程思政"的指导下建立的全员、全课程思想政治教育模式需要依赖于各个部门的协调配合。但是，将"课程思政"纳入各个部门的工作，势必会对现有的职能部门进行系统的调整，这就要求进行许多环节的谐调。要实现有关部门的工作，就必须从整体规划的顶层设计层面出发，把各职能部门都纳入"课程思政"教学改革体系中去，所以，在这样一个细致化的体系下，"课程思政"的各个部门之间的界限非常明显，它们都不会主动担负起"课程思政"的主要职责。要想将其纳入"课程思政"的工作中去，就必须做好顶层设计，把各个部门之间的职责划分清楚。

（二）制度建构有待落实

在实施"课程思政"教学实践时，仍然面临着相关制度建构效果不佳或者完全缺失的问题。要想实现高校思政课与专业课程融合式发展，就必须建立起一套具有可操作性的长效机制。

首先，我们需要进一步实施和完善长效学习机制以及集体备课制度。专业课程思政教学模式有待创新发展，需要与其他学科之间的相互融合。"课程思政"协同育人是一种创新性的思想政治教育模式，其教学主体，尤其是专业课程的教师，都经历了适应和学习的阶段。此外，"课程思政"实践体系与高校专业课程设置之间还存在着一定程度上的脱节现象。专业课程的教师由于受到其学科和专业背景的制约，大多数还没有建立起科学和系统的思想政治教育理论基础，也缺乏有效的教学手段。所以，一方面，在专业课教学队伍中，要真正实现"课程思政"建设，就必须保证"课程思政"的持续性学习机制，并以系统化的学习模式

来强化教师的深度认识与运用能力。同时，也要建立健全的激励机制，调动各专业课的师资力量，使其积极投身于"课程思政"的实践中，从而为学校人才培养目标的实现奠定基础。另一方面，考虑到专业课教师过去的固定教学模式和流程，他们在授课时常常忽略对学生的价值判断和塑造能力的养成。为了确保专业课能够涵盖到思想政治教育的核心内容，关键在于要提前制订好教学方案。对于如何精准地找到思想政治教育的切入点，需要所有教师集思广益，充分利用教师团队的集体智慧。

其次，合作对话机制的建设还有待加强。从整体上看，"课程思政"理念下的"思政课堂"与传统的思想政治课相比具有一定程度的滞后性。高校思政课教师既承担着学校所有公共课程的教学任务，又承担着本专业的教学与科研任务，他们在"课程思政"建设中的时间和精力都相对有限，因此其参与"课程思政"活动的积极性不高。此外，教学平台的构建不够健全。为此，应加强师生交流以及资源分享，才能充分发挥其育人合力作用。

最后，"课程思政"的保障机制存在着不完善的问题。从理论上讲，"课程思政"理念已在国内高校教师心中获得了相当的认同和关注，但有些人还是认为"课程思政"是教学和研究的附加内容。因此，除了激发教师在教育和培养学生方面的责任和使命，还可以从奖励机制方面为教师提供必要的支持，激励教师参与"课程思政"建设和"课程思政"研究，并给予专项经费，提升教师在课堂上的学习热情与成就感，为"课程思政"的进一步发展注入新的活力。此外，学校也应给予教师足够的时间进行自我反思与学习，使其能够不断提高专业水平并丰富自己的思想内涵，从而在一定程度上促进"课程思政"教学质量的稳步上升。

（三）教学评估机制滞后

在整个教学实践中，教学评估是至关重要的一环。教师要用有针对性的、专业性的评估话语作为反馈话语，用以提升教学效果。目前的教学评估是基于学科专业的教学流程和成果来进行的，涉及专门的教学质量管理机构、评估方法和评估准则。而在"课程思政"背景下，高校需要构建一个兼顾学生个体需求、能够促进教师发展的、综合多元的评估体系。

目前，"课程思政"教学评价工作的主体不明确，没有专门的评估组织来规范相应的工作流程。由于"课程思政"包含着将思政教育与专业课程有机融合的整体教学需求，因此，评估的实施主体不仅需要有权威组织的支持，而且需要具备给予"课程思政"有效评价的能力，而这恰恰是当前"课程思政"主体所缺乏的。目前，高校"课程思政"教学评估主体由谁来担任和高校教育质量监督机构能否开展有效的评价还有待深入研究。为此，建立一支由德高望重、经验丰富的思政教师组成的教学评估工作小组十分关键，这可以有效地解决评价主体不明、相互推诿等问题。另外，现行的教学评估体系与目前"课程思政"建设的实际情况存在不一致的情况。"课程思政"教学因其本身的性质、发展规律等原因，在实施过程中不可避免地存在着诸多问题。当前，我国高校"课程思政"宏观的学术评价体系中"重研究轻教学"现象的出现，客观上制约了"课程思政"的开展，甚至直接造成了"课程思政"教学环节的缺失。

"课程思政"的构建涉及专业课教学过程中对学生进行思想政治工作成效的评价，其目的在于对大学生积极的价值判断、价值观的形成及其内生动力进行评估。所以，这样的评估方式与以往只在专业领域进行评估不同，它还要综合考虑到学生的身体、心理发展以及价值观。基于此，我们要从理论层面探索、构建出一套完整的各阶段思政课课堂教学质量评估指标体系，以期为"课程思政"教学改革提供有益借鉴。一方面，我们要对"课程思政"教学过程进行评价，即教师在本专业课的教学过程中是否有进行思想政治教育的意识，以及所采用的"课程思政"教学方法是否能够实现专业知识与思想政治教育的无缝对接。另一方面，在评估教学效果时，我们不仅要关注学生对专业知识的掌握和应用能力，还需要建立学生在情感态度转变、价值观选择和信仰塑造等方面的评估标准。只有这样才能保证"课程思政"的有效实施，使之成为高校人才培养质量提升的重要保障。"课程思政"的主要目的就是要将专业课程中的思想政治内容融入学生内心，并在实践中体现出来。这就使得"课程思政"的教学效果难以有一个明确的、定量的指标，更无法用直接的学习能力测验来给学生打分。这就对现行的"课程思政"教学评估标准提出了挑战，亟须建立新的标准，并对其进行适时的执行与跟踪。

二、教育主体力量分散，难以发挥"协同效应"

恩格斯指出："历史是这样创造的：最终的结果总是从许多单个的意志的相互冲突中产生出来的，而其中每一个意志，又是由于许多特殊的生活条件，才成为它所成为的那样。这样就有无数互相交错的力量，有无数个力的平行四边形，而由此产生出一个总的结果，即历史事变，这个结果又可以看作一个作为整体的、不自觉地和不自主地起着作用的力量的产物。"① 社会与历史的发展是由许多人的意志与力量共同作用的结果，且力量并不是单一的，它们之间存在一定的逻辑关系，"课程思政"的实践发展亦是同样的道理。在"课程思政"教学实践中，亟须在多方共同影响下形成整体合力，从而达到育人协同的目的。而作为"课程思政"育人系统的子系统的教育主体，如果未形成子合力，"课程思政"的整体协同效果将难以显现出来。根据我国大学实施"课程思政"的情况，"课程思政"在教育主体中的认识、认同程度，与教育主体间的交互与协作程度相对较低。

（一）专业课教师对课程思政的认知不到位

在过去很长的一段时间内，高校思想政治工作一直陷入在思想政治理论课与专业课理论课"两张皮"的困境之中，如今我们亟须解决的是高校思想政治教育专业基础课"边缘化"这一难题。当前，各教育主体尤其是专业课教师对"课程思政"的价值认识还不够深入，所以，实现思想观念上的"破冰"，使这种新型的教育教学观念能够被教师自觉地应用到课程教学实践中是关键所在。

专业教师是"课程思政"的主要力量，能够与学生展开互动，学生对"课程思政"思想是否认识与认可将极大地影响到其效果。当前，专业课教师对"课程思政"认知度低的原因有两点。第一，对"课程思政"与思政课程之间的辩证关系认识不清。准确把握"课程思政"与思政课程之间的关系是落实"课程思政"理念的先决条件，然而，许多专业课教师没有意识到二者在目的、任务、教学内容之间存在的联系。有些专业教师并未认识到自己对学生价值观形塑的重要影响，把思想政治教育的功能局限在了思政课教学的范围内；把专业课中的思想政治教育元素和思政课教学内容归为"课程思政"的内容体系。第二，教师对于"课程思政"的价值取向出现了偏差，部分专业教师对"课程思政"是否具有价值性提出了质疑。一些专业课老师受各学科分门类别的教学模式的影响，仍然保留着单学科育人的固定观念，把思想政治教育的价值观引领和意识形态形塑认定为是思

---

① 中共中央马克思恩格斯列宁斯大林著作编译局. 马克思恩格斯文集：第 4 卷 [M]. 北京：人民出版社，2006.

政课教师的工作，而自己的教学职责主要是以传授知识与技能为重点。尤其在对专业技术要求比较高的理工科院系，大部分专业课教师认为该学科不该花费时间去实施思想政治教育，应该将精力都放在单纯的教学和研究方面，将"课程思政"的实施工作规划到自己的工作范畴之外。对"课程思政"认识上的不足，必然使主体很难融入全过程、全方位的"课程思政"育人模式中去，因此，解决思想观念的"破冰"问题，才能使"课程思政"协同育人得到有效的落实。

（二）专业课教师开展课程思政能力不足

自"课程思政"实施以来，政府对专业课教师能力提出了更高的要求，即要求教师能够将思想政治元素融入专业课教学过程中。要想实现这一点，专业课教师的知识储备要丰富，专业技术要过硬，同时要有与思想政治教育相结合的理论素质以及进行专业思想政治工作的技能。但从整体上看，专业课教师各方面的能力都有一定的不足。

"课程思政"对于专业课教师的要求有以下几点。第一，要有较好的思想政治素养。作为一名专业课教师，必须坚持社会主义办学方向，坚持正确的政治方向，始终对教学工作抱有高度的热忱。思想政治素养在教师的科学文化素养和专业素养上发挥着导向的功能，这也是"课程思政"注重知识传承和价值引领并行的基本要求。第二，要有一定的马克思主义理论基础知识。作为一名专业课教师，只有具备了极强的理论敏感度，才能满足"课程思政"对专业教师提出的思想政治理论素养要求，只有这样，教师才能在工作实践中让学生信服，才能用完美的"课程思政"教学逻辑来增强学生的认同感。第三，要掌握以专业课为基础开展思想政治工作的技能。这就需要专业课教师对学生的思想认识发展规律以及思想政治教育教学规律有一定的认识与了解，能够挖掘出二者之间的内在联系。

目前，专业课教师仍然在上述各方面存在着能力不足的情况，受到学习、工作环境等因素的制约，要想在短期内彻底改变这一状况，难度很大。首先，大部分专业课教师因其所处的专业背景，缺乏系统的、科学的马克思主义理论教育，在理论知识贮备和对理论的掌握上有较大的缺陷。其次，教学中的重知识、技能，轻价值的状况未得到根本性改变，这种思想困境使专业教师缺少了提高自己思想政治教育能力的内部动力。我们应该做的事情是让专业课教师重视"课程思政"，并促使其在实践教学中实施思想政治教育时展现更高的能力。此外，要使专业教师真正实现"课程思政"的"真信""真教"的状态,就必须打破"课程思政"的能力极限,构建长效的"课程思政"学习机制。

(三)教育主体之间协同效力不足

"课程思政"要求通过课堂教学,促使各种形式的课程"种"好思想政治教育的"责任田","课程思政"育人体系中各个要素的存在状态以及各要素之间的相互作用决定着"课程思政"育人效力的发挥程度。借助课程协同促进思想政治教育的改革,势必会涉及教育教学的每一个环节,这需要各专业院系与思想政治教育行政工作部门相互合作、协调沟通,共同构建一个课程思政的平台,以便让思政教师和专业教师在此平台上进行教研讨论,从而实现育人合力。也就是说,要提高"课程思政"的教学效果,就必须要在学校的各个层面营造良好的协同育人氛围,并加强思政教师与专业课教师的沟通与合作。客观上,"课程思政"的实施主体间仍存在着协作程度低的现象。

首先,从思想政治教育管理的角度来看,高校"课程思政"的工作主体党委、宣传部、教务处等各职能管理部门,对自身的责任还没有清晰的认识,他们对"课程思政"的落实意识还不够强,没有将其作为一种职责与义务来对待。部分高校因"课程思政"改革,组建了由多个专业骨干人员组成的领导小组,却因缺乏有效的管理战略及实施细则而徒有其表。此外,一些职能管理部门对"课程思政"的内涵认识不足,致使其实施流程不明确,未能形成一种有效的实施办法,同时使高校思想政治工作难以科学化、规范化,加大了其实施的困难。其次,从教师的教学过程来看,思政教师和专业课教师因教学任务、课程取向等方面的不同,基本都是并行开展教学活动,这使得高校思想政治理论课与专业理论课教师之间无法形成良性互动。虽然思政教师和专业课教师都在自觉地进行着沟通与协作,但是,由于二者思维模式的限制,使得二者难以建立起有效的交流渠道。此外,二者的时间、精力均比较有限,特别是专业课教师的教学、科研工作任务重,很难进行有效的交流,这也是造成了"课程思政"效果不佳的原因之一。再次,从各院系的协作层面上来看,在学校党委的指导下,马克思主义学院应该积极地与其他院校开展交流与对话,把"课程思政"融入学校发展战略的总体布局之中。同时,大学各个专业教学也要主动将"课程思政"纳入其中。然而,就当前的工作现状而言,虽然马克思主义学院在"课程思政"的推进中起到了很好的协调和引导作用，但其他学院尤其是理工科院校的其他学院还是对"课程思政"不够重视，难以搭建起有效的协作平台。最后，从校际的协作层面来看，其主要以学术研讨会等方式，侧重于自身"课程思政"建设的具体内容展示与经验交流，但由于协作方式所累积的经验太过抽象，一线教师很难体会到"课程思政"教学中每一处细节的巧妙设计。因此，各高校迫切需要加强教师们的双向流动，让教师们多观摩"课程思政"的特色课程，感受课堂教学的实际情景，使双方的学习成果最优化。

三、各类课程差异明显，难以发挥共振效应

课程是教育的重要载体，在其所属的学科领域，我们制定了清晰的教学目标，确定了教学内容的形式与范畴，并以此为基础，建立了相关的课程评价指标体系。"课程思政"作为一种新的教育理念，是在新形势下进行的，也是我国高等教育改革发展的新趋势。在推进"课程思政"发展的进程中，最大的难题就是如何保证课程内容的覆盖面得到最大程度的保障。当前，我国高校的"课程思政"存在着与原有课程不能很好衔接的问题。在确保各种课程的教学目标保持科学性、教学内容保持专业性的前提下，如何有效地培育"责任田"并发挥其在思想政治教育中的作用，已经成为实施"课程思政"协同教育的关键挑战。从当前的情况来看，各种课程在教学目标和内容上的显著不同，不仅妨碍了"课程思政"目标的实现，还限制了"课程思政"育人的空间发挥，课程协同还面临着许多亟待解决的问题。

（一）教学目标差异明显，影响理想目标实现

与国家的人才培养目标和学校的培养目标相比，课程的教学目标作为微观层面的教育实践指导，明确了教学知识的范围和学生能力的培养方向，是一个更加具体化的培养目标。不同类型的课程在教学目标上存在着明显的差异，这些差异主要集中在学生各自不同的成长路径上。这种客观的现实状况使得从多个具体的课程目标中整合"课程思政"教学目标变得更为困难，也对"课程思政"协同育人的理想目标的达成产生了影响。因此，"课程思政"理念下的课程教学目标研究具有重要意义。目前，我国的高等教育机构拥有庞大的课程体系，并会在教学

实践中不断进行调整。课程目标是基于其所属学科来制定和实施的。大部分的教师主要关注如何达到这些教学目标，而在这种大背景下，"课程思政"的目标并不会自发达成。

其一，依据动态发展的过程，一些相关课程随着学科以及课程的分化与整合将更多的精力投入到对课程目标的调整与重组之中。学科以及课程分化与整合的原因在于科学的革新与发展，其中科学是对自然、对人类社会、对人类思想深度发展的一种反应，同时蕴含着价值观与意识形态等多方面的因素。学科与课程是科学在学校教育中的主要体现，同时二者也在不断地革新与适时调整。此外，学科以及课程的分化得益于新技术的发展以及劳动分工的精细化。科学技术与社会的发展日趋复杂，高校课程综合化的趋势主要表现为交叉学科的涌现，涉及自然科学与人文社会科学以及二者之间及其内部的交叉；基础理论研究与应用研究之间的整合。同时，课程设置也会随着课程的分化和综合相应地进行调整，教师只关注完成有关课程目标，很少有人会去深入探究课程的文化内涵、分析课程所包含的价值目标。这样，势必会导致"课程思政"在一定程度上分散乃至"边缘化"，从而使其无法利用课程载体来实现协同育人的目的。

其二，不同学科的教学目标存在着明显的差异性，并且各个课程目标的学科分界感很明显，因此在多个课程目标中将"课程思政"的目标集中起来便成了目前教育实践中所遇到的难题。在现代教育的大环境下，我国高校实行的是学科分明、专业分明的教学模式，以培养适应社会需要的专门化人才为目标。对于学生来说，这种培养方式的合理之处就是为他们走上工作岗位提供了一个合适的衔接点，能够让他们能够在短期内提升自己的职业获得感，找到自己的价值。各专业特别是理工类所设定的课程目标，更多地侧重于技能知识与实际应用，这符合了当今社会分工精细化的时代大环境。但同时，我们也可以看到"课程思政"所蕴含的巨大潜能，这是因为在实施具体课程的专业知识的同时，哲学社会科学的课程还会注重人文精神的培养，以人文文化的影响力来塑造人的真实人生与精神世界，在情感的交流、人文情怀的彰显、生命真谛的探寻中推动人文教育；自然科学类课程除了对学生进行专业的技能训练之外，还会重视对科学精神的培养，重视利用科学技术和科学的思维方法对人的物质与真实的人生进行塑造，使其把目光放在对科学世界真理的探求上。在功利主义、实用主义价值取向的影响下，为了把每一门专业课都纳入思想政治教育目标之中，必须重视教育对象的思想认知、道德情感等多个方面的目标，但不同类型的课程目标都有明确的培养目标，又存在着各自的差异性，因此，如果一味地追求专门化育人目标，就有可能使"课程思政"的目标继续处在"边缘化"的境地，这样不利于以课程为载体来实现其育人目的。

（二）教学内容庞大，增加挖掘思政资源难度

目前，我国高校实行的是按学科分类的专业化培养模式，每一门课程和每一门课程都必然带有明显的学科性质，所包含的专业知识内容也十分广泛。大学各学科的知识体系具有比较固定的结构，并以一定的教学内容为中心，按照一定的教学规律进行专业人才的培养。所以，就课程教学内容而言，各个学科、各个专业领域的课程教学内容存在着显著的差别，并且，它们所研究的问题领域和表述方法有着强烈的专业界限。因此，各高校亟须考虑的是要如何处理好专业知识教育与思想政治教育之间的关系与比重。此外，在"课程思政"的大背景下，将整个课程体系纳入思政工作范围，会为挖掘思想政治教育资源带来一定的困难。

"学科高墙""专业壁垒"等现象一直在高校教学中存在，这些障碍使高校很难从课程内容中选出科学的思想政治教育内容。新时期以来，党和国家对思政教育进行了前所未有的高度关注，倡导把思想政治工作的"盐"融到教育的"汤"中去，从而更好地推动立德树人的实施。我们可以看到，党和国家已经开始将专业课程归入到思想政治教育的范畴当中。然而，"课程思政"的实际推进情况并没有达到预期结果。其原因有两个：一是"课程思政"本身存在"形式化"问题，影响了整体学科体系对它的认同感；二是在教学实践中，教师无法准确地界定"课程思政"的内容载体，所讲的内容经常自相矛盾，容易带给学生思想上的困惑，从而影响了课堂上"课程思政"内容的说服力。

尽管每一门学科以及每一门课程都具有育人功能，但因为学科之间的界限，使得各学科的教学内容都具有各自的独立性。"课程思政"要在每一门学科、每一门专业课中发挥作用，就必须从各个课程的特点中寻找出一条新的切入点，确定哪些课程内容能够与思想政治教育相结合。"课程思政"得以有效推行的关键在于要弄清楚如何在各种课程中以教学内容为基础，实现对学生的道德情感、意识形态与价值观的教育。

专业课程中价值引领的缺失，使得"课程思政"的内容划分不清，从而使教师产生了"何为思想政治教育资源"的困惑。在中国特色社会主义建设的新时期，高校一直在坚持社会主义办学方向，坚持党对意识形态工作的领导权，把立德树人作为自己的根本任务。进入新的历史阶段，高校的教学观念得到了拓展，更加坚定了教育现代化的目标，也更加坚定了社会主义办学的方向。在新的历史时期，要把培养和实践社会主义核心价值观融入教育教学，让教师时刻牢记教书育人的职责，从而实现知识的传播和价值引领的同步共振，这是中国特色社会主义发展对高校的必然要求。高校教育应注重真理性与价值性两个方面的问题。课程体系的目的在于借助合理的教学方式和思维方式来培养出具有高度专业化素质的专门化人才，因此各类课程体系都有自己的专业内容标准。这也说明各专业课程在教学内容上有很大的差别，所以要求各高校在课程体系上体现出对专业课价值导向的重视。

往往有价值的内容并不是源于整体视角，而是来自特定的位置或者视角。具体来讲，在价值逻辑中，不可能存在一种包罗所有视角以及位置的价值，最高价值或中立价值也不可能囊括全部的观点或立场，它始终是先认可或否定某些价值。课程并非是无价值的实体，我们可以站在某一学科或某一专业的角度来验证和确定某种价值，因此，专业课程教学不应该有价值缺位的情况。比如，自然科学课程与思想政治的价值的关联不大，通常侧重于阐释客观世界的一般规律、探寻科学真理，但其在文化传统、工匠精神以及科学思维等多个方面的内容，能够自然而然地为思政内容的价值引领开辟一个通道。依据目前课程设置的逻辑思维来考虑，课程对最高价值的诉求也需要通过不同学科视域，并以课程内容为载体显现出来。中国特色社会主义新时期的大背景为专业课程的价值引领提供了良好的成长环境。但是，知识和价值在专业课教学中很难找到一个平衡点，如果一门专业课仅仅是以知识的形式表现出来，而不能深入人们的思想认知层次，就难以推动"课程思政"育人的实施与发展。

目前，准确地确定所筛选的课程内容是否包含价值观教育是"课程思政"的关键与难点。专业课程的价值引领缺失或者被弱化，都将成为"课程思政"的致命打击。知识与价值的对立是"课程思政"试图消解的一对关系，同时也是专业课程和思政教育在思想认知层面需要跨过的难关。

四、"课程思政"协同思政课程推进程度不平衡

受思想认知、能力水平等因素的影响,"课程思政"还面临着学校与学校之间、学院(系)与学院(之间)、课程与课程之间的不平衡。

(一)学校与学校之间的不平衡

学校与学校之间的差距可以说是一种由来已久的差距,但我们也不能因此就放弃改变这种差异、缩小差距。造成这一差距的原因有客观和主观两方面,其中主观方面的原因是主要的原因。如果人的思想观念还停留在以往的观念中,那么人就会循规蹈矩,安于现状。相反,如果我们的观念能适时更新,我们的发展就会走上良性轨道,甚至能够为我们带来意想不到的收获。中国之所以能在历史上取得如此大的成就,最主要的原因就是思想观念的不断更新。高校的发展也会受到以往思想观念的影响,近年来我国的许多高校都是在观念的转变中受益的。以华中科技大学(前身是华中工学院)为例,自20世纪90年代以来,它就非常注重人文教育,在国内各大高校中率先推行了人文素质教育。通过将思想理工和人文结合,华中科技大学在很短的时间里,便加入了国内高校的第一方阵。从整体上说,当前我国高校在推行"课程思政"的过程中,以及"课程思政"与思政课程的协调发展过程中均出现了学校与学校之间的失衡现象。

(二)学院与学院之间的不平衡

学院(系)与学院(系)之间的不平衡主要体现在以下几个方面:第一,学院(系)对"课程思政"关注度不平衡,一些学院(系)对课程思政高度重视,且行动速度快,而另一些学院(系)则不够重视,动作缓慢;第二,"课程思政"的推进力度不平衡,一些学院(系)积极响应党中央的号召,在"课程思政"方面采取了一系列有力的举措,激发了教师对"课程思政"理论与实践的探讨热情,同时也激发了作为责任主体的教师的责任感与创造力,而有的学院(系)仅仅喊口号,并没有实施具体的措施,教师的责任意识与创造意识较为薄弱;第三,"课程思政"推进效果不平衡,重视程度高、措施得力的学院(系)得到的项目和资金更多,"课程思政"的成果也更多,重视程度低、措施不到位、行动迟缓的学院(系)在项目、获得经费和成果上均较为落后。

（三）课程与课程之间的不平衡

高校所有课程均是"课程思政"的重要载体。其中，教师是课程以及"课程思政"的责任主体，"课程思政"实施顺利与否主要受教师的专业背景、职称高低等各个方面的影响。但这些差别是客观层面的，毕竟要让所有教师都整齐划一是不现实的。然而，在实施"课程思政"的过程中，教师自身的主观和客观因素是可以通过自己的努力来改变的。长期以来，许多大学老师过分强调自己的专业和"教师"的地位，将"育人"和"教书"两种功能分割开，甚至认为"课程思政"与专业课是相互对立的关系，其思想上的落后导致课程与课程之间不平衡的主要原因。

我们所追求的平衡并不是绝对的平衡，而是相对的平衡，它可以是一种设想或一种奋斗的方向。所以，只有当教师从思想上认识到"课程思政"的价值，并将"课程思政"投入到教学实践中，才能真正发挥"课程思政"协同育人的作用。

五、资金、技术、人员等方面的保障不到位

资金、技术、人员等方面的保障不到位直接或间接地造成了研究项目的进展迟缓、系统平台的研制滞后。以下分别从两个方面展开讨论。

（一）各地区科研资金支持力度存在较大不同

高校课程思政的建设是全国性的，而科研是促进大学课程思政建设的有效途径，也是对大课程思政建设的有益补充，同时在完善大学课程思政建设理论、构建高校课程思政研究体系等方面都有着十分重要的意义与价值。然而，受区域经济发展差异的影响，各地对课程思政建设的资金投入的数量都是根据当地政府的财力水平来确定的。由此可知，只有在经济发达的地区，政府才会向高校课程思政建设投入大量的资金并给予全力的支持。而在一些经济较为落后的地区，政府可能不会拿出过多的资金去支持高校课程思政建设。

（二）平台开发难以及时满足教学线上需求

从技术角度来说，当今可谓是信息大爆炸的时代，科技在不断革新进步，同时也衍生出许多线上教学方式，但各高校无论是在线上教学，还是在课堂教学系

统的应用与开发上都有明显的不同。技术更新、教师培训等需要大量的人力和物力，所以在开发相关的系统平台时，往往难以满足课堂和线上的需要。此外，单是一个项目，其立项、开发与资金使用等都需要很长的时间，因为要进行很多次的管理协调和技术调试，这就导致了系统平台的开发滞后。在我国大学的课程思政建设中，建立一套统一的、适用于学校乃至整个区域的课程思政教学平台，也会出现以上的问题。为此，相关部门的首要任务就是在机制层次上加以优化，特别是在流程方面，要简化程序、弱化审批、加强数据的贯通。

第三节　高校各学科专业课与课程思政的相互协同模式的路径分析

一、遵循协同育人的原则

（一）遵循政治性原则

在新时代背景下，党和国家在道路选择和制度建设方面表现出了坚定的自信心。因此，我国教育事业应当更好地为社会主义建设事业服务。这要求教育体系与国家发展方向和制度相协调，积极支持和引导培养社会主义建设所需的人才和价值观。高校是一个开放的场域，既是学术交流和文化集中的重要场所，也是各种价值观碰撞和社会思潮激荡的地方。高校也是意识形态工作的前沿阵地。在高校的学术环境中，不同学科领域的学者和学生可以进行广泛的交流和讨论，推动知识的创新和发展。同时，高校还是各种文化、价值观和思潮的交汇点，学生能够在这里接触到不同的观念和思想，进行深入的思考和辩论。马克思主义是指导党和国家工作的指导思想，也是进行意识形态斗争的理论基础。在高校的意识形态工作中，要积极推动马克思主义理论的传播和深入研究。特别是要重视将习近平新时代中国特色社会主义思想作为最新的马克思主义中国化理论成果引入教材并融入课堂。推动"课程思政"协同育人工作顺利开展的首要原则是坚持政治性原则。这意味着在课程设置、教学过程和教学内容中，要始终贯彻党的意识形态和价值观，把握正确的政治方向，确保思想政治教育深入学生成长成才的方方面面。教师作为高等教育领域的重要角色，应当积极践行社会主义核心价值观，坚持社会主义办学方向，确保自身的政治立场毫不动摇，拥护党对我国高等教育事业的领导。

在推进"课程思政"协同育人进程中，各教学主体应该坚持政治性原则。首先，应当立足于社会主义教育实际。社会主义是我国的根本制度，是高等教育事业的办学方向。在教学中，教师要传达和弘扬社会主义核心价值观，引导学生坚守中国特色社会主义道路，帮助学生树立社会主义意识形态，培养学生的社会主义理想和信仰。同时，教师也要以积极的思想政治教育方式，帮助学生增强对社会主义制度的认同，并以此为指导，推动学生的全面发展。其次，教师还需要确保育人方向不出现偏差。这意味着教师要严守教育的正确方向，始终秉持为社会主义建设培养合格人才的目标，注重学生的思想道德培养和素质提升。教师要注重培养学生的社会责任感、创新精神和批判思维，引导学生正确对待个人利益和集体利益的关系，同时注重培养学生的国际视野和全球责任感，确保教学中育人方向不偏离。马克思主义是我党的指导思想，也是中国特色社会主义的理论基础。教师应当通过教学引领学生的思想，旗帜鲜明地宣传和弘扬马克思主义的核心观点、理论和方法，帮助学生正确理解和运用马克思主义思想。最后，教师要具备辨别能力和批判精神，及时分析和评价各种观点，帮助学生树立正确的价值观和世界观。面对社会上出现的各种错误思潮，教师要以鲜明的态度予以反对，并引导学生从马克思主义的高度看待和辨析这些思潮的本质和危害。社会主义核心价值观是中国特色社会主义文化的重要体现，也是培育时代新人的重要内容。教师要通过言传身教，引导学生树立正确的人生观、价值观和道德观，培养学生的社会责任感、爱国情怀和创新精神，推动学生全面发展。

（二）遵循可行性原则

为确保"课程思政"这一教育实践活动能够发挥出其应有的育人效果，我们必须从实际出发，始终坚持可行性原则，不断探索和寻求有效的实施方案。同时，还需注重实现对知识和价值的双重追求，确保课程思政的实施既符合实际情况，又具有可操作性。在过往的教育实践中，各类课程的教学往往偏重于知识传授，然而，"课程思政"这一新的教育理念，不仅强调知识的传授，更注重价值观的培养。为了确保教育者能够有效地实施"课程思政"的教学，要充分挖掘各类课程中蕴含的思想政治教育资源，使知识传授与价值引领在课程教学中得到完美结合。在实施过程中，坚持可行性原则可以从以下几个方面入手。

首先，为了确保"课程思政"协同育人的有效实施，需要明确参与其中的相关主体及其各自的角色。在此过程中，专业课教师无疑应积极参与，同时思政课教师和思想政治工作部门也应成为重要的参与主体。只有各方通力合作、共同承担责任，才能确保"课程思政"的有效实施，实现协同育人的目标。

其次，为了发挥思想政治教育的育人作用，需要确保各类课程和思想政治理论课在教学中保持一致，并相互协调，以达到共同的目标。"课程思政"协同育人模式的探索目的在于解决专业课教学与思想政治教育之间的脱节问题，以促进高校思想政治教育环境的整体改善。"课程思政"不仅意味着在某些课程中融入思想政治教育，更代表着构建一个整体性的育人体系，其中涵盖了思想政治理论课和各类课程。通过这种方式，能够将思想政治教育贯穿于整个教育体系，确保学生在学习专业知识的同时，也能够树立正确的思想观念和价值观。为确保"课程思政"协同育人工作的成功推进，需要在教育教学实践中，对各类课程与思想政治理论课之间的关系进行有效的协调和处理。同时，必须充分认识到"课程思政"在教学中的重要性，促使各类课程与思想政治理论课在教学实践中形成协调一致的教学格局，以发挥协同效力和整体效应。

最后，要认真剖析思想政治教育与课堂教学内容的内部联系，并充分挖掘其中的思想政治教育资源。通过精心的课堂设计，引导学生形成正确的人生观和价值观，培养他们成为具有高尚品德和良好素养的优秀人才。课堂是培养人才的主要渠道，同时也是实施"课程思政"的最直接平台。只有将专业课教学与思想政治教育恰到好处地结合，才能让学生深刻认识到"课程思政"的重要性和价值，从而激发他们积极参与互动交流的热情。通过在课堂上融入思想政治教育，教师可以帮助学生深入理解和把握社会主义核心价值观、中华优秀传统文化等思想理论，培养学生的思想道德素养、社会责任感和公民意识，提升他们的综合素质和创新能力。因此，课堂应该成为专业知识与思想政治教育相结合的重要平台。在课堂教学过程中，教师应当注重培养学生的思想品德和人文素养，为他们成为有担当、有创新精神的社会主义建设者和接班人奠定基础。

二、抓住协同育人契机

协同育人的目的是在优化工作结构的同时，统一学生的共性和个性，协调教学原则和个别需求。这种协同的教育方式旨在促进学生的全面成长和发展。协同育人需要最大程度地发挥各个渠道和阵地的作用，以提供全面的教育资源和实现全面的思想政治教育目标，在利用主渠道和主阵地的优势的同时，确保完成大学生思想政治教育整体任务。因此，在实现协同合作的过程中，要合理地确定切入点、时间点和突破点，抓住协同的机遇，巧妙地实现协同合作，以达成共同的目标。

（一）发掘协同的合理切入点

要实现主渠道（哲学社会科学相关的专业课程）与主阵地（思想政治教育）的协同，需要在合理的切入点上进行发掘，而不是简单地进行生硬的结合或机械的叠加。通过从这些切入点出发，可以优化协同育人的教育过程。

一是在思政课程内容和常态化主题教育内容之间建立紧密的联系，探索将常态化主题教育的重点内容和思政课程的核心教育内容相融合，实现教育内容的一体化呈现。

二是将大学生社会实践与思政课程的实践教学相结合，以拓展学生的综合素养。思政课的实践教学可以通过实际项目、实践任务、职业体验等方式，让学生深入参与到社会实践中，进而培养其实际操作能力和综合素质。而大学生社会实践活动则以实地考察、社区服务、社会调研等形式展开，促使学生走出校园、积极融入社会，从而增强其社会意识和社会责任感。在一定程度上，大学生思想政治教育与思政课实践教学同样强调了对学生实践能力的培养，着重强调了实践育人的重要性。一方面可以将思政课实践教学融入社会实践活动中。在教学过程中，教师可以采用如辩论赛等活动式的教学方法，通过这些活动引导学生接受思想政治教育。另一方面，思政课实践教学和大学生思想政治教育可以在社会实践中实现有机融合。举例而言，学校可以组织学生参观红色基地等活动，教师可以通过这些实践活动渗透培养爱国主义情感等思想政治教育的内容。这两种方式都强调了思政课实践教学和大学生思想政治教育的协同效应，通过在社会实践中实施思政课实践教学或将其融入社会实践活动，实现了实践和理论的有机结合，促进了学生的思想政治教育和综合素质的全面发展。

三是时刻牢记"以学生为中心",并将此作为两者协同的出发点。当涉及教育时,必须将学生置于核心位置,因而协同工作必须以学生为出发点,寻找与主要渠道和平台协同的途径。

四是将传统的思想政治教育与网络思想政治教育有机结合,形成有利于学生全面发展的教育模式。信息时代的大学生思想政治教育必须重视线上和线下的平衡,只有将两者结合起来,才能提高实效性。对于网络思想政治教育,必须争取话语权和主导权,积极传播正面价值观,同时建立完善的网络思想政治教育框架。充分利用云课堂、慕课等教育形式,使网络成为日常思想政治教育的核心领域和重要的知识传递平台。在网络思想政治教育中,务必找准传统思想政治教育的关键点,并以学生喜欢的语言和易于理解的方式来传递。

(二)抓住协同的最佳时间点

当谈论到协同育人时,需要确保实现"同频共振",也就是在教育的最佳时间窗口进行协同。这些最佳时间窗口包括思政课教材的讲授顺序、重要的节日、学生发展的关键阶段、纪念日、社会热点事件的发生时机等。通过在这些时间节点上充分发挥主渠道、主阵地的协同育人作用,能够最大化地实现协同育人的效应。因此,要善于捕捉时机,确保协同育人的整体效果达到最佳状态。

一是针对教材讲授顺序安排主题教育。为了实现学生思想和行为的一致性,应当注重两者课程顺序的对应和契合度。在进行课程安排时,需要注意思政课和日常思想政治教育的差异,确保二者的连贯性和协同效果。这样才能帮助学生更好地理解和应用所学内容。思政课教学通常遵循规范的教学大纲要求,并按照学生的知识储备和接受能力安排教材编写顺序,以指导教师的教学进程。相比之下,日常思想政治教育更加弹性,没有固定的时间节点规定。因此,在日常思想政治教育中,需要灵活地根据学生的实际情况和需求,制订合适的教育主题和教学内容。例如,在思政课教学中,教师可以根据教学大纲的要求,按照教材的顺序依次讲解马克思主义基本原理、毛泽东思想、中国特色社会主义理论体系等内容。而在日常思想政治教育中,则可以根据学生的思想状况和行为表现,选择相应的教育主题和教学内容。例如,围绕"我的人生理想"在日常思想政治教育中开展相关讨论,通过理论引导使学生树立正确的价值观和人生观。

二是抓住学生发展的重要节点组织适应教育。例如，在毕业季这个特殊的时期，面对学生可能出现的初入社会的焦虑感和离开校园的失落感，思政课教师作为学生思想上的引路人，可以在教学中与学生深入讨论关于个人理想实现、公民道德建设和社会法律法规遵守等相关话题，通过富有洞见和哲理的探讨，帮助学生掌握毕业后所需要的知识和技能。这些话题的讨论不仅可以缓解学生们的焦虑和失落感，还可以激发他们的思考。而在日常教育中，辅导员作为学生生活和学习中的重要指导者，可以结合学生毕业的相关活动，如毕业典礼、毕业晚会等，组织开展"感恩母校留言"等活动。这些活动不仅可以帮助学生提前做好进入社会的心理准备，缓解角色转变的不适感，还可以让他们更好地回顾和珍惜大学时光，感受校园文化和精神传承。

三是抓住重要纪念日，开展"四史"教育。在大学生思想政治教育中，融入"四史"学习教育，是加强大学生爱国主义教育的重要举措。历史纪念日是纪念历史事件和英雄人物的特殊日子，是弘扬爱国主义精神、坚定理想信念的生动课堂。通过历史纪念日的活动，可以引导学生了解历史、认识国情，增强他们的民族自豪感和自信心。在"四史"学习教育中，党史、中华人民共和国史、改革开放史和社会主义发展史是相互关联、密不可分的。通过学习这些历史，大学生可以更深刻地理解中国共产党的领导和坚持社会主义道路的正确性，认识到中华民族伟大复兴的历史必然性。同时，这些历史也激发了大学生的使命感和担当精神，激励他们为实现中华民族伟大复兴的中国梦贡献自己的力量。在重大节日、纪念日来临时，应当结合教学大纲在思政课课堂上开展四史的历史知识讲解和现实意义解读活动。例如，在清明节开展缅怀革命先烈活动，邀请革命前辈讲历史故事、带领学生观看爱国主义影片等；在"七一"庆祝党的生日时，讲授我党走过的光辉历程、举办红歌比赛等；"十一"国庆节组织"祖国巨变""家乡变化"相关主题的征文比赛、演讲比赛等；在香港、澳门回归纪念日讲授一国两制制度优势，组织两岸关系主题讲座等。

四是抓住社会热点事件进行意识形态教育。意识形态工作是党的一项至关重要的工作，关乎国家政治稳定、社会和谐和人民思想认识。作为前沿阵地和意识形态教育者，高校肩负着更为沉重的责任。为了做好意识形态教育工作，必须充分利用社会热点事件的分析解读，为学生提供生动、真实的案例，让他们更好地理解国家政策、政府治理和社会制度。思政课教师和辅导员要敏锐地抓住热点舆情发酵的时机，深入挖掘学生对于热点事件的关注和心理需求。通过引导学生分析舆情事件，让他们看到党和政府在治理国家和社会事务中的能力和积极态度。这种做法不仅可以增强学生对政府工作的信任和支持，还能帮助他们体会到中国特色社会主义制度的优越性和强大力量。在分析热点事件的过程中，学生可以认清错误言论背后的本质诉求。这些错误言论往往带有一定的欺骗性和迷惑性，容易误导学生的判断。因此，思政课教师和辅导员要帮助学生提高辨别是非的能力，帮助其不被迷惑、保持清醒的头脑和良好的心态。

（三）创新协同的关键突破口

在各学科专业课与课程思政相互协同发展的过程中，创新协同扮演着重要的角色。因为，创新协同是协同育人的主阵地与主渠道壁垒的突破口，创新协同能够快速为二者建立联系，消除协同教育中各方面的障碍。因此，为了有效地加强协同教育过程，要加速推进科研育人建设、课程思政建设以及构建"十大育人"体系。

充分发挥科研育人的功能，是促进主渠道和主阵地创新的重要手段，同时也可以有效地补充高校思想政治工作。通过科研育人，可以提高学生的综合素质，培养他们的创新能力和实践能力，从而使其更好地适应社会发展的需要。此外，科研育人还可以促进教师与学生之间的互动和交流，增强师生之间的信任和合作，有利于形成良好的教学氛围和学术风气。为了建立一种"教研一体、学研相济"的科教协同育人机制，要进行全面的统筹规划。这就要将教学与科研资源合理配置，以确保两者能够相互支持、相互促进。为了实现这一目标，要设计配套的教学大纲和科研计划，并确保它们在教学和科研中都能够得到充分体现。通过将科研成果应用于教学活动，实现教学和科研在育人中的"同频共振"。这种机制将确保学生在学习过程中能够接触到最新的科研成果，从而更好地理解和掌握知识。同时，要在科研育人中体现思想教育功能，坚持正确的价值取向与意识形态。只有这样，才能够培养出具有高尚品德、严谨科学态度和扎实专业知识的人才。

2020年教育部印发《高等学校课程思政建设指导纲要》提出，要"全面推进高校课程思政建设，发挥好每门课程的育人作用，提高高校人才培养质量[①]"。课

---

① 教育部.高等学校课程思政建设指导纲要[EB/OL].(2020-05-28)[2020-06-02].http://www.moe.gov.cn/sresite/A08/s7056/202006/120200603_462437.html.

程思政是一种独特的教育形式，它既与传统的思政课类似，以教学形式开展学科专业教学，又在一定程度上属于日常思想政治教育的范畴。这种教育形式能够有效地推动大学生思想政治教育的协同。通过课程思政的建设，可以有效地将思想政治教育贯穿到大学教育的各个方面，从而更好地推动大学生思想政治教育的协同。这种教育方式不仅可以提高学生的学习效果，同时也能促进他们的全面发展，培养他们成为具有高度责任感和使命感的人才。思政课与其他课程之间要形成有效的协同效应。思政课作为一门重要的显性课程，发挥着明显的价值引领作用。通过系统地传授马克思主义理论、毛泽东思想中国特色社会主义理论等知识，思政课能够帮助学生树立正确的世界观、人生观和价值观。在这个过程中，其他各门课程也扮演着重要的角色。它们通过融入思政元素，发挥着隐性的价值陶冶作用。这些课程在各自的领域内，结合专业特点，将思想政治教育与专业知识传授有机结合起来，使得学生在专业学习的过程中也能受到潜移默化的思想熏陶。

"十大育人"体系的构建是推进一体化协同育人的关键所在。只有抓住这一创新突破口，才能更好地发挥主渠道与主阵地的协同效应，培养出更多优秀的人才，为社会的发展进步作出贡献。从内容要求与目标设定来看，"十大育人"体系中所涵盖的育人内容，是主渠道与主阵地协同育人的深层次分解，它不仅涵盖了传统的知识传授和技能培养，还注重培养学生的品德、素养和综合能力。这种育人体系将育人工作划分为更为详细、全面的层次，以便更好地实现教育目标。通过构建多种育人体系能够更好地满足不同学生的需求，提高他们的综合素质和能力。

（四）扩大协同的有效覆盖面

主渠道与主阵地协同，是大学生思想政治教育工作的重要策略。这种协同涵盖了学校管理和教育教学的各个环节，旨在将各个环节密切结合，扩大协同的覆盖面，并在协同的深度和广度上有所拓展和延伸。学校作为大学生思想政治教育工作的主阵地，需要将各种教育资源进行有效的整合和利用，以充分发挥其作用。而主渠道的畅通则是保证思想政治教育工作顺利开展的关键。通过将主渠道与主阵地协同起来，可以更好地实现教育资源的共享和优化配置，进而提高教育效果，增强大学生思想政治教育工作的渗透力和影响力。

一是统一教书育人、管理育人、服务育人。教书育人、管理育人和服务育人是推动大学生成长成才的有机统一的过程，通过调整教学内容、管理者角色和态度、服务质量等达到育人目的，这三者相互促进，缺一不可。在各类课程的教学中，教师通过科学的课程设置、课程教学及相关活动来达到育人目的；学校领导及基层管理人员通过在行政管理和党务管理的过程中融入思想教育，引导学生的日常规范和行为约束；后勤部门及其他各职能部门通过学校的后勤服务和其他工作中的服务环节，增强服务意识，提高服务质量，从而增强教育的亲和力和感染力。

二是统一心理辅导、困难资助、创业就业。心理辅导、困难资助和创业就业是学生教育管理中的重要环节，需要重点关注家庭困难、创业就业受挫等群体，及时进行心理干预和补贴。对于有心理疾病和创业就业失败的学生，需要给予经济补助，并将心理治疗费用纳入学生医保报销范围。同时，创业就业教育要特别帮扶具有心理障碍或经济困难的学生，提供就业辅导、简历修改、面试模拟等帮助，同时还应推送就业信息，跟踪关心他们的就业进度和心理状态。

三是统一第一课堂、第二课堂教育。第一课堂是常规教学方式，通过课堂教学活动开展思想政治教育工作。第二课堂主旨是通过文体活动、校园文化建设活动、社会实践、团体活动等，用科学理论教育大学生，强化其思想政治觉悟和理论素质，树立其成长和成才的主动性，增强其对国家、社会和人民的历史责任感和使命感，是重要的思想政治教育途径。两个课堂要达到时间、空间、人员、资源等方面的协同。第一课堂要借助第二课堂的活动和场地，推动理论走向实践。第二课堂在开展时要联系第一课堂的教学内容，活动设计要具有思想引领和价值导向作用，发现问题及时反馈给第一课堂管理部门和任课教师。

四是统一党建、团建、班建。学生以组织为单位进行学习、管理和表达，校党支部、团支部和班级是最常见的组织团体。做好党建、团建和班建的互动尤其重要。首先，以党建带团建。党组织具有龙头地位，要发挥带动作用，加强党对共青团的领导，增强基层团组织的战斗力。其次，以团建促党建。共青团要为青年团员提供良好环境，激发基层团组织活力，通过团活动让青年师生积极向党组织靠拢。最后，班建要与党建和团建相协同。班级是学生最频繁接触的组织，班干部要及时发现隐患并上报辅导员，避免不良事件的恶性扩散。班级成员要共同致力于班级凝聚力和向心力的提高、班级文化的形成和亲密关系的建立，使班级成为思政教育的坚实堡垒。

在高等教育中，尤其还要注意几门思政课内部的同向同行。思政理论课程由几门主干课程组成，是一个稳定、互补、相似的体系，具有内在联系，要形成同向合力。思政课教师在教学设计上要有宏观、整体的眼光，明确课程定位、教学时限、主线和重点，把握好课程之间的逻辑联系和论证角度，也要认识到自己课程的特点和重难点，在保证总体教育教学目标和功能的前提下，根据每一门课的要求来确定讲授的角度和深度。同时，正确处理几门课程在内容上的重叠交叉部分，可以通过统一备课、集体商讨等形式，划定不同的教授任务和侧重点，在总体方向不变的情况下各尽其责，保证教学内容的完整性和教学过程的衔接性。

三、完善高校协同育人系统渠道

针对各专业课程思政建设协同育人体制机制不完善的问题，可以从以下两个方面进行论述。

（一）完善专业协同育人生态系统

要完善专业协同育人生态系统，需要在顶层设计、内容全面性和组织架构上下功夫。

第一，在顶层设计上，高校应设立专门办公室，负责制订专业协同育人方面的具体方案。例如，可尝试采用分片模式，为不同专业设置统筹联络人，并就高校课程思政建设中的党纪国法问题制订明确的奖惩措施和制度文件。同时，建议结合课堂教学与实践，举办论坛、研讨会、辩论赛、社区实践和工厂实习等活动，促进学生思政素养的培养。

第二，从全面细致的角度来看，高校课程思政建设需要建立一个协同育人生态系统，该生态系统应涵盖所有课程。同时，其覆盖范围应包括宿舍管理员、团委、学生干部、学院思政工作者、学院领导、高校党委等相关人员。此外，学校后勤超市、学校安保、学校医院、学校食堂等方面也应被纳入覆盖范围。

第三，从组织架构层面出发，明确高校课程思政建设协同育人所需的组织架构应具备的职能性质。为了确保职责明确、避免工作中出现职责交叉和重复的情况，应该对该组织架构的职责边界进行清晰界定。

（二）打通专业协同育人渠道

为了打通各专业课程思政协同育人的沟通渠道，主要需要在管理者与教师之间的协同、教师协同以及课程协同三个方面进行努力。

为了促进管理者和教师之间的协同合作，需要搭建一个在线的互联网平台。在该平台上，教师可以与课程、管理者以及其他教师进行沟通和交流。该平台主要依托线上运行，并具备同时支持手机端、移动端及PC端访问的能力，以充分满足用户在不同终端上的使用需求，这样可以方便教师和管理者在不同时间和地点进行沟通和合作。

从教师协同来看，一是为了满足大学生在思想政治教育方面的实践需求，并降低他们对课程思政建设的抵触情绪，建议加强不同专业教师之间的交流合作，并推动信息共享。这样可以拓展课程思政建设的实践渠道，以满足不同专业学生的需求。此外，在课程内容改进和监督方面，不同专业教师有着各自的思路，加强交流不仅可以丰富学生的知识，还可以拓宽思维路径。这些措施将有助于提升思想政治教育的质量和实效。二是为了克服大型课堂教学可能带来的低效问题，针对教师协同提出以下建议：（1）同一学科的教师可以合作，通过分工明确任务，将大班课程转为小班教学；（2）使用互联网工具设计在线课程，允许学生分批上课，以缓解大班授课造成的效率低下情况。这样的措施旨在提升教学效果和学习质量，让教育资源得到更充分的利用。

高校课程协同是指不同专业课程的内容、育人目标的协调与统一。在进行课程设计时，需要考虑融入专业课程中的思政元素，确保其与高校思想政治理论课的要求保持一致。这样可以确保专业课程中的思政元素与思政理论相协调，不会出现与思政理论相悖的情况。通过课程内容的协同，可以达到以专业课程为依托的思政教育目标，提高学生的综合素养和思政意识。因此，在高校课程协同方面，关注课程内容与育人目标的协同是十分重要的。

四、建构以"思政课程"为核心的运行机制

（一）建立协同育人工作机制

"课堂思政"和"思政课堂"是两种重要的教育理念，两者均是为了更好地

促进学生的全面发展，培养学生的思想道德素质和社会责任感。它们同向并行，旨在实现全方位育人、全员育人、全程育人的目标。为了实现这一目标，构建育人共同体是至关重要的。这个共同体需要由相互协作、互相补充、充分发挥各自优势的思政课、专业课的老师、辅导员，以及相关的部门人员共同组成。

第一，专业课程老师要和思想政治理论课老师达成一致，形成合作关系。专业课程和思想政治理论课是两个非常重要的教育环节。专业课程侧重培养学生的专业知识和技能，而思想政治理论课则侧重培养学生的思想道德素质和社会责任感。这两者相辅相成，缺一不可。因此，专业课程老师和思想政治理论课老师应该达成一致，形成合作关系，共同为学生的全面发展而努力。在合作中，专业课程老师和思想政治理论课老师可以互相支持和帮助。专业课程老师和思想政治理论课老师可以共同制订教学计划和方案，将思想政治教育和专业教学有机地结合起来。在课堂教学中，专业课程老师和思想政治理论课老师可以互相配合，共同完成教学任务。例如，在讲解某一专业知识时，专业课程老师可以引入相关的思想政治理论观点，帮助学生更好地理解和掌握知识。同时，思想政治理论课老师也可以借助专业课程的知识和案例，帮助学生更好地理解社会现实和思想道德问题。

第二，要按照教学工作状况，形成互相联动及合作关系。思想政治理论课程和专业课教师基于教学方案规划和教学实践开展合作，能丰富并完善思想政治教育形态的具体内容，同时有助于深化专业课程中的思政教学。

第三，根据专业课和思想政治课老师的专业学识素养，构建一种互动合作的模式。这种模式在思想政治理论老师看来，有助于优化知识逻辑，同时拓展知识范畴、深化科学文化内涵，从而为教学计划的有效实施提供有力支撑。当思想政治教育与专业课程融为一体时，不仅可以深入学生的知识与经验，还可提升教师在道德水准方面的思想政治理论水平。这种融合不仅有助于培养学生的综合素养，还能促进教师的职业道德和教育理念的全面发展。通过这种紧密的合作，教育的维度得到了拓宽，师生之间的交流与互动变得更为丰富和有意义。

（二）完善教学评价机制

"课程思政"是一种将思想政治教育融入日常课程中的教育理念，旨在通过潜在性的影响，关注学生的精神面貌，培养他们的学习习惯，塑造其正确的人生观和价值观。然而,"课程思政"的教学评价机制仍需进一步的完善。

首先,评价标准。在评价过程中,除了关注定量评价外,更应重视定性评价。在评价过程中,要考虑更多的因素,如学生的理解能力、思考能力、表达能力等,而不仅仅是依据他们的考试成绩来评价。这种评价方式可以更全面地了解学生的综合素质,更好地指导他们的学习和发展。思想政治水准的提高是一个渐进的过程,因此评价时不应仅关注最终的结果,而应更重视过程。要关注学生在学习过程中的表现,包括他们的课堂参与度、学习态度、合作精神等,而不仅仅是关注他们的考试成绩。要更注重对学生学习成果的评价,包括作业、考试、课堂表现等,而不仅仅是关注分数。这种评价方式可以更好地鼓励学生独立思考和表达自己的观点,提高其学习的积极性和自信心。除此之外,评价过程中既要尊重发展的规定,也就是重视学生纵向的变化,尽量少去将学生和他人进行对比;也要注重学生的个体差异和纵向发展,根据学生个人的特点和需求来制订评价标准,而不是与他人进行横向比较。这种评价方式可以更好地鼓励学生发挥自己的优势和潜力,促进学生个性化发展。

其次,评价的指标和方式。每一门课程都应具有与之相对应的思想政治教育要求。思政教育对于课程而言,需要关注情感、态度和价值观三个方面。其中,情感方面的要素包括学习积极性、学科自信程度、勇于怀疑的勇气、合作和讨论的需求以及课程历史观念等。为了评价除思政课程外的"课程思政"效果,可以采取学生访谈、同行听课和跨学科听课等方法。此外,可以在年底考试评估中加强对于价值观的监控测量,以凸显思政教育内容评价的重要性,从而验证其他课程的"课程思政"综合成效。常用的评价方法包括思想发展档案法、重要事件法和评价表方法等。这些方法的应用使得对于"课程思政"教学成效的评价不再仅限于专业效果,而是更加全面,涵盖人文标准、价值观和社会责任感等多个方面。

最后,评价结果的实用。在思想政治教育工作中,对于结果实用性的评价是至关重要的。对于教育工作的开展和效果,评价结果是否实用具有决定性的影响。如果评价结果缺乏实用性,将无法有效地帮助完善教学、提升教师的思想政治教育水准。因此,应重视评价结果的实用性,并以此为基础,不断完善教学和教育工作。

五、完善协同育人的体制机制

为了弥补当前"课程思政"育人体制机制存在的不足，根据长期研究和思考，提出了一系列的完善措施。这些措施的实施，旨在为"课程思政"协同育人提供更为全面的支持和保证，以确保其有效实施。这些改进措施主要包括顶层设计规划、建立保障制度和重构评估体系，这些措施将为"课程思政"育人的顺畅进行和发展提供强有力的支撑。

（一）顶层设计维度上的合理规划

"课程思政"的顶层设计需要从整体的角度考虑，确保其在高校中的有序实施。首先，要基于对主客观环境和发展阶段的准确认识，充分了解当前"大思政"育人格局，为"课程思政"的发展制定合理目标和战略。其次，高校需要建立健全的领导体制，实现自上而下的统筹推进。这可以通过建立领导小组、指导委员会和专门办公室等机构来实现，以确保顶层设计能够嵌入到各项工作中，并得到有效执行。同时，专业课教师的参与和自觉性也是关键因素。高校需要提供支持和培训，提升教师的"课程思政"水平，使其能够将思政教育融入课堂教学、学科建设和科研等工作中。最后，各个主体的角色和责任也需要明确。学校党委、学院党委、教学管理部门和学生工作组织等部门应该共同配合，将资源整合到专门办公场域，形成协同合作的局面。综上所述，"课程思政"顶层设计维度上的合理规划需要综合考虑各个方面的因素，建立协同推进的领导体制和机制，以便实现高校"课程思政"育人实践活动的有序推进和发展。

（二）制度建设维度上的一体化设计

在高等教育中，实现课程思政的协同发展需要一个复杂而系统化的构建过程。因此，在设计课程思政制度时，建立促进管理与交流的平台，以及实施针对教学实效的奖励措施都是至关重要的。

建立"课程思政"育人激励机制。现实中的人的需求可分为生活需求和精神需求两类。给予教师适当的物质和精神奖励，能使其保持良好的教学状态并激发其参与热情。激励是提升"课程思政"教学效果的有效方式。政府应当分配科研经费支持"课程思政"项目，满足教育主体的需求，促进"课程思政"的长远发展。高校应以教师奖励计划为依据，考核任课教师的思想政治教育能力和育人实效。同时也应对表现突出的教师给予精神奖励,让其感受到对其工作的重视,增强其获得感。教育活动需要教育主体和客体的协调配合才能顺利开展。因此,在激励手段的运用中,不应仅限于教育主体,还应将教育客体纳入其中。毫无疑问,评判"课程思政"教学效果的关键在于学生通过各类课程的学习,提升其信仰塑造能力、价值判断能力和思想政治素养的程度。对于学生,应当着重给予可促进个人成长的奖励,以激励他们在"课程思政"课堂中更加主动地参与互动。应当建立紧密联系的"课程思政"激励制度与学生评价体系,将学生的行为习惯、信仰坚守、道德水准和思想政治素质等与推优入党、评奖评优等奖励挂钩,进一步完善学生的"课程思政"奖励机制。

着力构建高效互补的合作制度。高校作为一个各职能部门高效协同的教育教学系统,其完整的内部结构和明晰的分工在客观上对常态化有效合作机制的形成起到了一定的制约作用。因此,在高校内部积极促进有效合作,构建卓越的"课程思政"管理服务平台和教学交流合作平台至关重要。为了有效建设优秀的"课程思政"管理服务平台和教学交流合作平台,可以重点创建跨学科的教学平台,促进思政课教师与专业课教师之间的双向互动交流,实现教学资源共享的目标。同时,高校可以联合各职能部门,共同完善"课程思政"管理和服务体系。为增强"课程思政"协同育人的凝聚力和向心力,可以在学校党委的指导下,构建跨领域、多维度的合作模式。

(三)评估体系维度上的整体性考量

高校学科门类众多、专业领域广泛、课程设置复杂多样,因此构建一个相对普遍适用的评估标准对于高校开展评估工作至关重要。特别是在评估"课程思政"协同育人效力时,如何确立统一科学的评估标准是一个重要问题。这一标准需要考虑不同学科和专业的特点,并能够在不同领域中得到有效应用。通过建立统一科学的评估标准,可以更好地评估"课程思政"在不同专业课程中的协同育人效力,从而推动高校思政工作的持续发展和提高。评估体系的科学化在两个方面体现着重要意义。首先,在评价的整体性维度上,科学化的评估体系需要尽可能地覆盖教学实践活动的各个方面,确保评价指标能够全面反映教学的质量和效果。其次,在评估的可操作性上,科学化的评估体系需要尽可能将评价指标量化,使评估结果能够以相对直观的方式呈现出来。这样做有助于评估者和被评估者更好地理解评估结果，也便于制订具体的改进措施和教学策略。通过科学化的评估体系，可以更准确、全面地评价教学质量，促进教学水平的持续提升。

教师在"课程思政"教学活动中的作用非常重要，因此，将教师作为评估对象并重点开展"课程思政"教学过程性评价，是完善评估体系的重要方面。以下是教师的过程性评价的三个维度。

1. 教学团队

"教学团队"的评估主要包括三个方面。（1）专业结构：评估教学团队的专业结构，包括团队成员的学科专业背景、教学经验和教学能力。需要考察教学团队成员的学科专业分布是否合理，是否覆盖了学校开设的各类课程，以及是否有较强的教学实力和丰富的教学经验。（2）教学互动：评估教学团队的教学互动情况，包括团队成员之间的协作互助、教学资源的共享和教学成果的交流。需要关注教师之间是否存在良好的合作氛围，是否能够互相学习、共同进步，以及是否能够形成合力，共同提升教学质量。（3）教研支持：评估教学团队的教研支持情况，包括思政教师对专业教师的理论指导、教学指导和教研支持。需考察思政教师是否能够为专业教师提供有效的教学支持和理论指导，是否能够在教学研究方面发挥积极作用，促进教学团队的教学水平不断提高。

2. 教学过程

加强对课堂设计的合理性评价，重点关注教学方案中对"课程思政"教学理念的明确程度，以及在课程的培养目标中的体现程度。此外，还要评估教学过程是否能够有效地将学科专业教学与思想政治教育相结合，实现知识与价值观的有机融合。深入挖掘并有效利用专业课程中蕴含的思想政治教育资源，以加强学生的思想政治素养。通过对课堂设计的合理性进行评价和加强对教学过程的评估与监督，能够更好地实现"课程思政"的教学目标。这也将有助于提升教学质量，培养出具备综合素质的人才，并使之在学术成就和社会责任意识上取得平衡和发展。

3. 教学研究成果

评估"课程思政"建设成效的重要方面之一，是教师是否能够形成科学、系统的教学研究成果。教师要具备科学的教学理念和方法，能够系统地梳理和总结教学经验，形成具有学术价值和实践意义的研究成果。教师在"课程思政"建设中，可以形成多种研究成果，其中包括优质的教学材料、卓越的教学经验、有效的教学方法等。这些成果可以通过发表到相关刊物上，与广大师生进行学习和交流。同时，还要具备申报"课程思政"相关课题的能力，并能够承担起课题研究的责任。这些课题应该是与"课程思政"教育教学改革密切相关的，具有创新性和前瞻性，能够对学科建设和发展产生积极的影响。此外，相关"课程思政"负责人及其开设的课程是否能够引起社会广泛关注，或能否获得国家教育主管部门的表彰也是考量的重要因素。因为如果得到关注和肯定，便表明其成果不仅在学术领域得到了认可，还对整个教育领域产生了积极的影响。

综上所述，"课程思政"建设成效的评估需要综合考虑教师的研究成果、教学能力、社会影响力等多个方面，以确保其建设成果能够真正为推动教育事业的发展作出贡献。

六、构建协同育人共同体

（一）重视理念创新，提升教师能力

教师要把握"课程思政"的本质，将思想政治教育融入各类课程之中；关注课程教学中的各种价值观念，给予学生正向的价值引导。在"课程思政"育人实践活动中，要正确认识思想政治理论课和其他课程之间的关系，以及德育和智育的关系。德育和智育都是教育教学的重要方面，而思想政治理论课应与其他课程相辅相成，共同促进学生的综合素质发展。德育的正确价值导向对智育的潜在重要性不言而喻。在这一点上，要认识到德育对智育的影响，因为德育不仅可以加强知识教育的教育效果，还可以帮助学生避免陷入思想困惑。德育为智育提供了正确的价值导向，使学生在学习知识的同时也注重道德选择和人格养成，从而形成全面发展的人格。德育的重要性在于，能培养学生正确的行为准则和道德观念，使他们具备道德意识和责任感，成为有道德素养的公民。而智育则为德育提供实践平台，通过知识的学习和实践活动，学生能够更好地理解道德原则并在实际生活中践行。

"课程思政"是一种致力于将思想政治教育融入各类学科教学中的理念和实践。它提供了一种巧妙地化解智育和德育矛盾的思路，即通过探寻知识传授与价

值引领的同频共振，将德育理念贯穿于课程教学之中，实现教育目标的有效统一。在实践中，教师需要正确理解并处理思想政治理论课与其他各类课程之间的关系。这表明教师既要认识到思政课是高校思想政治教育的主渠道，同时也需要重视其他课程在思想政治教育中的辅助作用。通过"课程思政"，教师可以将思想政治教育融入各类学科的教学内容中，使学生在专业知识学习的过程中，也能感受到道德、法治、社会主义核心价值观等方面的引导，从而促进学生全面发展。

（二）打破专业局限，构建协同联动

要使"课程思政"育人理念在各类课程教学实践活动中得到有效贯彻，就要面临打破专业局限的挑战，因此，需要不遗余力地打造一个广泛参与的协同联动式教学团队，为"课程思政"协同育人提供丰富的学术资源与支持，同时最大限度地发挥育人合作力量。为了实现"课程思政"育人的核心价值，必须着力构建拥有多样化专业背景的"课程思政"教师团队，促使思政理论课教师和各专业教师之间形成更紧密的协同联动，从而创造出更具活力、包容性和创新性的育人环境。同时，需要积极践行多元化的育人模式。

首先，"课程思政"建设任务共担当。当推进思政教育与学科教育的融合时，要充分发挥不同课程在思想政治教育中的独特优势，通过课程育人的方式，促进学生的全面发展。在这个过程中，思政课教师应与其他教师紧密合作，充分挖掘各类课程的思想政治教育资源，将思想政治教育贯穿于整个教学过程之中。这种协同合作的教育方式，不仅丰富了课程教学内容，还提高了学生的思想认识和政治素养，达到了全面育人的效果。同时，为了更好地推进"课程思政"建设任务，教师还需要不断提升自身的思想政治教育素养和教学能力，以更好地引导学生树立正确的世界观、人生观和价值观。专业课教师需要充分理解自身的学科专业属性，把握其特点，同时注重挖掘其中蕴含的思想政治教育核心要素。专业课教师还应通过巧妙的方法和手段，将专业课知识与思想政治教育进行有机衔接，形成一种润物细无声的教育方式。在这个过程中，教师需要具备敏锐的洞察力和教育智慧，深入挖掘专业课知识中的思政元素，将其与思想政治教育相结合。这样不仅可以提高学生的学习兴趣和积极性，还能够引导学生树立正确的价值观和思想观念。

其次，"课程思政"教学内容共开发。思政课教师和专业课教师联合教研，进行集体备课，是推进"课程思政"教学的重要举措之一。以马克思主义教研室作为核心，联合其他教研室，共同研究和讨论教学内容和教学方法，能够促进各教研室之间的交流与合作，形成共识和共同努力的方向。思政课教师可以在集体备课中提供马克思主义基本原理和思想政治理论的专业指导，引导专业课教师选择与自己学科特点相契合的内容，并与之共同设计有效的"课程思政"教学内容。专业课教师则能够结合自己的学科知识和教学经验，提出优化建议，确保思政元素的有机融入和有效表达。这种合作方式能够充分发挥多学科的优势，形成"课程思政"教学智库，提供教学资源和指导，同时进一步提升学生的思想政治素养和综合素质。

最后，"课程思政"建设成果共推进。"课程思政"建设的完善需要不断进行新一轮的探索与改革，以实现可持续性发展。思政课教师和专业课教师可以共同努力，开拓"课程思政"成果的有效载体，并促进成果的共享与共推。通过制作影像资料、出版书籍刊物、开发专题课件等形式，可以将"课程思政"的成果进行有效呈现和传播。这不仅可以帮助教师更好地分享教学经验和成果，也可以促进学生的深度思考和学习成果的共享。同时，结合现代化技术手段，比如利用互联网平台、数字化资源等，可以更好地实现"课程思政"成果的共享和推广，让更多的教育者和学生受益于这些宝贵的教学资源。通过这样的持续努力，可以不断提高"课程思政"教学质量，推动思想政治教育在整个教育体系中的可持续发展。

（三）突破空间限制，校际师资联动

教育主管部门要高度重视"课程思政"育人活动的开展，而各高校也应当善于利用当前的制度优势，充分发挥协同合作的作用，推动"课程思政"教育的深入开展。

一方面，通过教育主管部门的倡导和支持，高校可以促进教师间的跨学科合作，鼓励思政课教师和专业课教师之间的深度合作，共同推动"课程思政"理念的融合；另一方面，高校可以建立"课程思政"教学资源共享平台，促进教师之间的资源共享和交流合作，实现"资源汇聚、智慧共享"。

此外，高校之间的区域合作也是非常重要的。通过这样的合作，可以实现高校间的资源共享和合作共赢，进一步提升整个教育体系的质量和水平。例如，思

政教育专家和学科带头人之间的直接对话交流、校际的互访学习以及教学研讨方式的学习都能够促进"课程思政"教学的不断提高和优化,实现学校师资的优势互补。这些举措可以对推动"课程思政"教育体系建设起到积极作用。通过交流,专家和带头人可以分享彼此的教学经验与教学方法,共同探讨"课程思政"育人目标、课程体系建设、教学设计等方面的经验,实现成果共享,进而提高整体教学质量。校际的互访学习也能够让教师们亲自感受其他学校的优秀"课程思政"课堂实践,了解到巧妙的思政课程与课堂教学的衔接技巧,从而在实践中不断改进和优化自己的教学方式。最后,通过教学研讨的方式,教师可以学习优秀的"课程思政"教学设计,分享教学实践经验,从而实现学校师资的优势互补,提高整体的教学水平。

七、打造全课程立体育人格局

(一)以思想政治理论课加强价值观的引领

思想政治理论课在学校思想政治教育中具有重要的地位和影响力,不仅是学生学习马克思主义基本理论知识的主要途径,也是引导学生形成正确世界观、人生观和价值观的重要平台。在推动"课程思政"教育实践过程中,应进一步强化思想政治理论课的核心地位,以全面、系统地开展马克思主义理论教育为根本任务。

高校的思想政治理论课程经过长期的发展和全面的改善,已经演变为一门具备明确教学标准、规范化教学内容和高度专业化组织形式的核心课程。作为育人任务中最具显著价值的课程之一,通过培养学生的综合素养和塑造正确的价值观念,思想政治理论课发挥着极为重要的教育作用。

在强调显性育人的特定课程领域中,思想政治理论课呈现出明显的意识形态特征和政治价值观引导性。因而,亟须更大力度地加强和完善其在引导学生培养正确思想政治观念方面的功能,以位基础课程提供重要支撑,进而深化思想政治教育的实效性。在此基础上,通过以思想政治理论课为主要依托,加强对社会主义核心价值观的引领,集中解决学生在思想问题、价值判断与选择过程中的心灵困扰,以更好地实现"课程思政"与育人目标的协同作用。

思政课教师应该深入了解学生，在教学过程中紧密结合学生的实际情况，积极探索多元化的思政课教学改革路径，以提升教学的针对性和实效性，增强学生对思想政治教育的参与度和归属感。在教学方法上，应积极运用新兴的教学媒体和工具，拓宽教学空间，善于激发学生的兴趣、激发他们的思考能力、解决他们的思想困惑。同时，引入小组讨论、案例分析、社会实践等互动性强的教学方法，鼓励学生在思想碰撞、实践中体验和践行社会主义核心价值观。

（二）在通识课中根植理想信念

通识课程在高等教育课程体系中具有重要地位。作为专业课程的补充，通识课程能够提供多样化的知识内容和学科视角，丰富学生的学术背景和综合素养，从而缓解纯粹专业化教育所带来的人才培养困境。通识课程不仅能够为学生提供与专业相关的基础知识，还能够培养学生的思辨能力、创造力、批判性思维和终身学习能力。通过接触不同学科领域、跨学科的知识，学生可以全面发展，形成宽广的视野和综合性的思维能力。此外，通识课程还能够培养学生的人文关怀、社会责任感和全球意识。通过接触人文科学、社会科学等领域的内容，学生能够更好地理解人类的价值观、社会问题以及全球性挑战，从而培养出具有社会责任感和全球视野的公民意识。加强通识课程的开设和教学是改善高等教育育人现状，并推动人才培养质量提升的有效方式之一。

通识课程为高等教育的育人目标提供了更加广阔的视野，促进了学生的全面发展，体现了课程的育人价值。通过将理想信念教育纳入通识课程的核心，可以以潜移默化的方式引导学生在学习和生活中践行社会主义核心价值观，有助于培养学生积极的人生态度和正确的价值取向，使之树立正确的理想信念，进而增强学生的社会责任感和使命感。通过通识课程对社会主义核心价值观的渗透和教育，学生可以更深刻地理解和内化这些价值观，从而在日常生活中贯彻实践，形成积极向上的行为习惯和思维模式。

高校通识课程的构建涵盖了自然界、人类文化和社会进步的多个方面。如何有效地推进理想信念教育成为一个复杂而备受关注的议题，需要我们集中思考并努力解决。

首先，是建立通识课程教育的价值标准，秉持正确的育人政治导向，并突显育人的使命和价值。通识课程的推行和完善能够提醒教育工作者要重视学生的整体成长，并弥补狭隘专业教育的不足。通识教育的涵盖范围广泛，涉及自然界和人类社会的多个层面，因此需要制订一套相对客观的通识课程教育价值标准，以坚守育人的社会主义政治导向，培养具备全面发展能力的社会主义建设者和接班人，并评估学生在坚持社会主义理想信念和提高实践能力方面的表现。

其次，为确保理想信念教育得到全面贯彻，必须要探索有效且独具特色的通识教育方式。为了增加通识教育的吸引力和影响力，通识课程教师应该积极探索创新的教学方式，可以借鉴社会实践、课堂互动和问题启发等教学方法，以一种引人入胜的方式，将社会主义核心价值观和理想信念教育融入课程中。通过鼓励学生的积极参与和互动，教师能够激发学生的学习兴趣，帮助他们更好地理解和接受这些价值观念，并将其运用于实际生活中。这样的教学方式不仅能够提高学生的综合素养，还能够培养他们成为具有社会责任感和独立思考能力的社会主义建设者。

最后，优质课程应该既具备扎实的学术基础，又能够培养学生的理想信念和核心价值观。高校在创设优质课程时，必须以学校的实际情况为出发点。要深入了解学校的教学特点、学科优势和学生需求，然后根据这些信息来设计和开发课程。同时，还要坚持课程的学术性和育人价值性的统一。课程不仅要传授学科知识，还要培养学生的素质和价值观念，使其在学术上和人格上都得到全面发展。另外，要充分结合学校的人才培养目标和优势学科，进行系统性的教学资源整合，涉及教学团队、教学设施和外部资源的整合，以确保课程的全面性和质量。总的来说，高校创设优质课程需要以理论联系实际，坚持育人导向，充分利用学校的教学资源，以期提供卓越学术和人才培养相结合的课程体验。通过将学科知识和思想教育相结合，这些课程能够促进学生的综合素养和道德修养，培养他们成为有理想信念的、具有社会责任感的人才。

（三）实现知识与价值观的同频共振

通过将思想政治教育融入大学专业课程中，解决思政课与专业课之间的割裂现象，实现知识传授和价值观引领相结合的教育状态。这种融合旨在改变专业课程中对知识偏重而对思想道德轻视的现象，从而培养具备全面素质的高级人才，即培养既具有专业能力又具有良好思想道德的人才。

哲学社会科学相关专业课程具有较强的意识形态属性。在教授这些课程时，应该充分认识到马克思主义在哲学社会科学领域的指导地位，并将其作为教学的前提和基础。在教授哲学社会科学课程时，应该挖掘其中蕴含的思想政治教育资源，通过深入分析马克思主义在相关领域中的观点和理论，探索其对社会问题、人类思维方式和社会变革等方面的思考与启示。同时，注重培养学生的思想政治素养，帮助他们理解和分析社会问题，并以批判性思维的方式进行独立思考。通过引导学生思考现实社会存在的问题、理解不同思想观点的辩证关系，引导他们形成正确的世界观和人生观。

在哲学社会科学工作座谈会上，习近平总书记强调："要自觉坚持以马克思主义为指导，自觉把中国特色社会主义理论体系贯穿研究和教学全过程，转化为清醒的理论自觉、坚定的政治信念、科学的思维方法。"[1]

哲学社会科学与个体的思想观念、意识形态和精神世界紧密相连。这些学科专注于探究人类思维、社会现象、人类行为和社会制度的内在规律，对于个体世界观、人生观和价值观的塑造具有至关重要的影响。哲学社会科学课程通过探索和分析各种理论、思想和观点，帮助学生理解和认识社会现象和人类行为背后的原因和影响因素。通过研究和讨论，学生能够加深对自己和社会的认知，形成对世界和人生的思考和看法。此外，哲学社会科学课程还能够引导学生思考道德、伦理和社会正义等价值问题。通过探讨伦理学、政治学、社会学等学科的相关理论，学生能够反思个人和社会的价值选择和行为准则，形成自己的价值观念。因此，哲学社会科学是促成学生世界观、人生观和价值观形成的重要力量。它不仅提供了学术知识和理论框架，还提供了思想启迪和精神指引，帮助学生形成成熟、积极的思想意识和价值取向。这对于培养学生的综合素养和道德素质具有重要意义。

自然科学课程在育人方面同样具有重要的价值属性。这些课程不仅注重传授科学知识和技能，还注重培养学生的科学精神和科学思维方式，从而影响他们的世界观、人生观和价值观。自然科学课程通过培养科学精神、强调科学理性和工具理性的作用，引导学生尊重科学、理解科学的发展过程和科学方法的运用。这有助于学生培养批判性思维、逻辑思维和创新能力，使他们能够运用科学知识和科学思维方式去解决问题，进而提高他们的问题解决能力和实践能力。同时，自

---

[1] 习近平.在哲学社会科学工作座谈会上的讲话[J].党史文汇，2016，（06）：4-13.

然科学课程也强调科学技术的价值，重视科技教育，通过学习科学知识和掌握科学技术，帮助学生理解和应用科学技术对物质世界和现实生活的影响。这有助于培养学生的创新意识和实践能力，促进他们在科学研究和应用方面的进一步发展。因此，自然科学课程不仅仅能够传授科学知识和技能，更重要的是能够培养学生的科学精神、科学思维和科技素养，引导他们理解科学的价值和作用，以及利用科学技术去塑造和改善现实生活，这对于培养学生的创造力、批判性思维和解决问题能力具有重要意义。自然科学相关专业课程所蕴含的科学精神、理性意识和科学思维方式，是开展思想政治教育的重要切入点。通过课程思政的建设，可以进一步强调这些方面的培养，引导学生树立正确的世界观、人生观和价值观，以促进他们的全面发展和成长。

八、积极应对外部社会环境的潜在冲击

在推动经济发展的过程中，可能会出现一些对高校课程思政建设产生负面影响的情况。为了应对这些潜在的挑战，各高校需要提前进行规划，并采取积极的措施来解决问题。

（一）建立合理规范的风险防范机制

针对大学生存在的思想道德风险，学校可以通过建立相应的评价机制，落实机制、管理机制和领导机制，来规范和引导学生的行为，降低道德风险的发生概率，培养学生正确的人生观和价值观，提高他们的自我约束力和生活能力。

为确保教育质量，评价机制应以立德树人为指导理念，将思政元素融入教学质量评价，并把学生的个人成长和发展作为主要衡量标准。对于表现出色的教师，应给予奖励，以正向激励的方式推动教师积极表现。这样的评价机制能够激发教师的教学热情，促进他们更好地履行教育使命，同时也有利于学生全面发展和成长。

在落实机制方面，教务处、各职能部门和各二级学院需要以本职工作为基础，结合学校和学院的实际情况，以及学生的需求，真正将防范机制的要求付诸实施。这需要各部门和学院深入了解自身职责，并针对性地开展工作。例如，教务处可以制订相关政策和规定，职能部门可以提供专业支持和指导，各二级学院可以加

强教育宣传和监督检查，以确保防范机制的要求得到有效的贯彻和执行。同时，还要注重与学生的沟通与互动，了解学生的需求和问题，从学生的角度出发，制定出更加切实可行的防范策略和措施。通过真正将防范机制的要求贯彻到具体行动中，才能更好地落实防范措施，确保学校的道德风险得到有效预防和控制。

在管理机制方面，建立完善的管理机制，包括制定相关政策和规章制度，明确学生行为规范和道德要求、相应的纪律处分和奖励机制，促使学生形成正确的价值观和行为准则。为确保管理机制的有效实施，学校教务处、各职能部门和各二级学院应明确各自在防范机制中的职责，并建立相应的防范机制。同时，应加强对各项职责的监督和落实，确保每个环节都能得到有效执行。教务处可以负责制订相关政策和指导方针，协调各学院的教育教学工作；职能部门可以发挥专业优势，提供专业支持和咨询服务；而各个二级学院则应该将防范道德风险纳入日常管理工作，加强宣传教育、监督检查和及时报告等工作。通过明确职责、加强沟通和合作，各部门和学院能够形成统一的防范机制，提供全方位的支持和管理，从而有效应对大学生的道德风险问题。

在领导机制方面，学校领导要充分重视思想道德风险防范工作，建议学校党委肩负主体责任，加强对相关工作的指导和监督，亲自参与并深入高校课程思政建设一线队伍中，并确保各级领导对风险防范工作的责任落实。

（二）开设相关课程加强正面引导

为加强外部社会环境中的正面引导，建议开设专门的课程，向大学生解读并说明外部冲击的潜在影响、内涵和基本特征。这些课程的开设旨在帮助大学生认识到外部冲击的影响，并引导他们在校园中积极成长和发展。具体有如下三点建议。

（1）利用信息技术手段。建议充分利用信息技术手段，通过线上平台和线下活动，增强对大学生的引导频度，扩大对大学生的引导覆盖面。这样可以使引导工作更加精细化和个性化，更好地满足学生的需求。

（2）组织社会实践活动。建议学校组织社团活动，在正确领导下，积极组织社会实践活动，引导学生参与其中，帮助他们认识外部冲击的不利影响、树立正确的世界观和价值观。通过实践活动，学生可以更直观地认识到外部影响对他们的影响，从而更好地认识自我。

（3）跨学科合作。建议建设跨学科科研团队，及时捕捉和分析外部社会环境中的潜在冲击，并制订相关课程进行讲解和研究。这样的合作可以促进不同学科间的交流和合作，确保学生接收到全面和专业的引导。

九、健全科学研究平台

（一）组建跨学科协同合作复合型科研团队

建立一个以卓越的教育实体为基础的人才库，以开展具有针对性的学术研究。人才库的研究人员应紧密关联思政课程，将其科研方向与之密切相连。举例来说，可以针对目前高校意识形态工作的发展现状，以及思政教育活动所面临的重点问题等，展开有针对性的学术研究，并将最新的研究成果有机地融入课堂教学当中。

搭建一个多学科交叉研究的平台，如跨学科研究联盟、协作研究项目或创新教育实验平台，以促进更加广泛而深入的学科融合。我国高校内部人才资源丰富，拥有超强的跨学科合作优势，并且大多以研究型大学为主导。高校可以充分利用这些优势，与其他教育主体一同开展深入研究，并孕育具有前瞻性的研究项目。这样不仅能够满足国家的发展需求，还能够推动高校与科研机构之间的跨学科密切交流与合作。

组建全新的科研战略联盟，确保高校的发展与国家和地方的重大战略需求密切契合，以尖端科技作为桥梁，将政府、社会、企业和高校思政教育主体等不同研究领域的团队整合在一起。这种联盟不受部门、地域和单位的限制，旨在促进各方间的紧密合作、发挥各主体间的综合优势。借助这一联盟合作机制，高校将能够更好地服务国家和地方的战略需求，推动科技创新，为社会和行业发展作出重要贡献。

（二）注重教育客体创新科研能力培育

首先，着重培养教育客体协同意识。高校需要有针对性地激发教育对象的团队合作意识，以促进他们产生团队合作的动机和兴趣，培养他们团队合作的意志品质。高校应积极推动协同创新理念的传播，在教育过程中帮助学生全面了解当前各种政策和经济发展走向，借助与国家命运的紧密连接，激发学生内心深处的民族责任感，使其真正认识我国发展所面临的机遇和挑战，激发他们主动协同合作的意识和行动力。在教育过程中，学生应被鼓励积极向老师提出问题，并被激励去主动解决问题。这一过程中，学生很可能会发现新的观点和想法，从而推动问题的积极解决和知识的创新。

其次，着重培养教育客体协同能力。教育主体在管理过程中需要坚持差异化管理，重视因材施教，充分认识到每位学生的独特特质和自主潜能，通过协同教育的方式，采用量身定制的教学方法，确保每个学生都能接受适合自己的教育。这种差异化管理可以包括针对不同学生的个性化教学计划、针对不同学生的兴趣爱好和特长定制的课程、针对不同学生的水平和需求调整的教学内容和难度等。通过这样的管理方式，可以更好地发掘学生的潜力，激发他们的学习热情和积极性，提高他们的学习效果和学习成果。同时，差异化管理也需要教育主体具备较高的专业素养和教育管理能力，能够全面了解每位学生的特点和需求，灵活调整自己的教学方法和管理策略，以达到最优的教育效果。教育主体需要以实践为导向，积极促使教育对象参与各类实践活动，并从中培养其实际操作能力，着重培养其团队协作能力。协同合作并非个体突发奇想所能完成，而是需要依赖整个团队的协同努力。为此，高校可以组织各类协同创新比赛，鼓励教育对象组队参与，共同思考比赛中面临的问题，并探索全新的创意和解决方案。

十、改进课程教育教学方法

高校有必要对教学方案进行精心调整，拓展更多元的教学手段，提升专业课思政教育的成效，使"思政课程"与"课程思政"齐头并进，以实现思想政治教育的终极目标。

对于教学内容的改进，可以从以下两个方面进行考虑。首先，要对课堂教学管理体系进行进一步的完善，明确各项管理制度，以建立一套统一的规范体系，从而为"课程思政"的实施提供有力的支持。同时，要制订一套科学、严谨的人才培养方案，对教学大纲进行全面的审查，以找出并填补可能存在的漏洞。此外，还要积极挖掘专业课程中蕴含的思想政治教育内容，提升课程育人目标的重要性。这不仅需要对课程内容有深入的理解，还需要以严谨、理性的态度去寻找、发现并合理利用这些教育内容。其次，关注教材和制度的改进，将课堂教学作为思想政治教育的主要阵地。在教学过程中，不仅需要关注知识的传授，还要注重传达思想政治教育的内容和理念，使学生在课堂上不仅学到专业知识，同时也接收到思想政治教育。通过充分利用课堂这一教学平台，可以更好地传播和弘扬社会主义核心价值观等思想政治观念。在编写教材时，需要有意识地将一些与思想政治教育相关的内容纳入课程中，让学生在学习专业知识的同时也能了解和接触思想政治教育的理念和原则。特别需要加强对社会主义核心价值观的引导和传授，以培养学生正确的价值观和道德观念，以及对社会主义制度和国家发展的认知和支持。通过这种方式，能够提高学生对思想政治教育的接受程度和效果，并使专业课程与思政教育相互融合，实现协同发展。

在现代科技条件下，新媒体技术的快速发展为教学提供了更多的可能性和机会。高校可以充分利用这些新媒体技术设施，如互联网、电子设备、多媒体教室等，来改进和拓展教学方法。高校要充分认识互联网资源的重要作用，为每门课程建立独立的在线教学资源库。这样做可以将课程相关的学习材料和教学资源集中管理起来，方便学生和教师获取并共享这些资源。这将有助于推广课程内容，让更多的学生了解课程特色和优势，从而更好地参与到学习活动中来。高校可以建立一个综合信息数据平台，旨在为所有教师提供服务，使他们能够更好地开展日常教学工作并为学生服务。同时，这个平台也将思想教育融入教学服务之中，以更好地培养学生的思想品德。通过综合信息数据平台，高校可以更好地管理各项事务，同时也能有效地传达和宣传思想政治教育的内容，使其更加深入人心。这样做不仅提高了管理效率，还增强了思想教育的影响力。高校在开展思想政治教育的课程时，需要不断总结经验教训，反思教学方法和效果，使得这种课程能够在实践中取得成功，并成为其他高校或教育机构可以参考和借鉴的范例。通过持续的总结和反思，可以进一步提高思政课程的质量和效果，为培养学生正确的思想和价值观起到积极的推动作用。

针对课堂教学的方式，教师可以在教授专业知识的同时，通过融入思想政治教育的元素，使学生在学习专业知识的过程中，也能够接受思想教育的熏陶，从而全面提高学生的综合素质。这种教学方式能够更好地培养学生的专业能力和道德素养，符合当代高等教育的发展需求。这种教学方式也可以充分体现教师在教学过程中传递正能量的思想教育。通过将专业知识和思政元素结合起来，教师可以通过实际案例、专业实践等方式，向学生传递正确的价值观和道德观，引导学生树立正确的人生态度和价值追求。同时，教师在教学中展示出的正能量，如积极的态度、责任心和爱心等，也会影响学生，使其受益终身。这种教学方式有助于培养学生的综合素质和道德品质，提升专业教育的质量和水平。

在使用该教学方式进行教学时，教师应充分借鉴、遵循教育规律和学生成长规律，将思政元素与专业知识有机结合，帮助学生更好地理解和应用所学内容。教师们可以一起探讨该门课程的思政元素，使用集体备课的方式，共同寻求最佳的教学方式。这种合作可以促进教师之间的交流和相互启发，提高教学质量。教师在课堂上不仅要关注专业知识的传授，还要注重思想教育的融入，注重培养学生综合能力和道德品质。通过整体课堂观，教师能够更好地引导学生形成正确的思考和行为习惯，培养学生的创新意识和社会责任感。这种教学方式可以帮助学生全面发展，促进他们专业素养和思想道德素质的提高；同时，也使得教学过程更加富有活力和有意义，有利于学生成长和未来的发展。

在教学中，教师可以将基础教学作为主要内容，同时加入一些创新的教学元素。在这两种教学方式之间，教师可以找到一个衔接点，让学习从理论层面顺利过渡到实际的实践中。在教学过程中，教师应该引导学生参与各种实际操作、实践活动或者实践性课程，以便学生能够将理论知识运用到实际中去，获得实际的经验和技能。这样能够帮助学生更好地理解和掌握所学知识，提升他们的综合能力，促进他们的全面发展。实践是验证真理的唯一标准，真理的正确与否需要通过实践来进行检验。通过实际的实践活动，人们能够亲身经历、观察和验证各种理论、观点或假设的有效性和可行性。在教学过程中，将实践经验纳入课堂教学可以帮助学生更好地理解和应用所学的思想政治教育内容。通过实践活动，学生能够参与真实的情境和问题，深入了解和体验思想政治教育的理念和原则，同时也能发展实践能力和解决问题的能力。此外，实践经验也是反映教学成果的最好方式之一。通过实践活动的成果，能够真实地展示学生在思想政治教育方面的知识掌握程度和实际应用能力，以此来评估教学的有效性和学生的学习成果。因此，将实践活动纳入课堂教学，将有助于学生更好地掌握思想政治教育内容，同时还能检验其学习的质量。

第四章　高校专业课与课程思政融合实践

本章主要讲述高校专业课与课程思政融合实践，从两个方面展开分析，分别是高校自然科学类专业课程与课程思政相融合以及高校哲学科学类专业课程与课程思政相融合。

第一节　高校自然科学类专业课程与课程思政相融合

自然科学类课程往往较多地强调工具理性，但事实上，自然科学类课程也天然地蕴含着丰富的价值理性，也是发挥育人功能的重要资源。在课程思政视阈下，自然科学类课程思政建设必须找寻到其专业内部与价值培育之间的内在契合性，深入挖掘课程的育人资源。从内容上看，要能够主动对接、回应国家战略需求，心怀国之大者，将使命担当与政治认同、科学思维与人文精神、专业伦理与治学态度有机融入课程思政建设中，并具体到理、工、农、医不同课程类别精准化推进；从方法上看，要确立工程专业认证思维，建立教学环节与课程思政元素的内在联结，以产出为导向，以学生为中心，持续改进，不断提升课程思政实效。

一、自然科学类课程蕴含丰富育人资源

自然科学类课程建设总是与时代紧密相关。进入 21 世纪以来，科技革命的浪潮已经深深改变了世界。这个世纪无疑是科学的世纪，自然科学为科技革命的发生提供了理论上的支撑。在这一背景下，自然科学的研究及推进需要有所聚焦、有所选择，不应只是在技术理性上发挥作用，更要回应我国当下的经济社会发展状况，回应国家重大战略，回应人民群众对美好生活的期待这一根本指向。站在世界百年未有之大变局的角度上，自然科学类课程的课程思政的开展正当其时。但是在思维观念和具体实践中，自然科学类课程的课程思政开展存在着多种问题、

面临着多重困境，这就要求我们必须在整体上把握在自然科学类课程中开展课程思政的具体内涵。

（一）自然科学有改造实践的理性功能

马克思在其早期著作中，阐发了"一门科学"思想，提出了自然科学的人的科学意蕴和历史科学维度。沿着这一思想勾勒的总体思路，马克思在《资本论》及其手稿中，一方面进一步指出了自然科学具有生产力和社会意识的双重属性，另一方面又发展出了自然科学异化思想，从而确定了自然科学在唯物史观生产理论和人的解放理论中的重要位置。自然科学研究的重要性不仅在于其理论价值，更在于其应用价值。小到解决日常生活中的技术问题，大到推动国家发展战略的实施，自然科学的应用无处不在。而实现这些应用的关键，便在于自然科学教育。通过教育，我们能够培养出具有创新精神和实战能力的科技人才，他们将为国家的战略目标提供强大的技术支持。因此，自然科学教育的重要性不言而喻，它直接关系到国家战略目标的实现以及社会治理效率的高低。在自然科学类课程中开展课程思政，必须在理论和逻辑上说明自然科学与价值教育之间的内在关联。自然科学的发展促进了人类文明的进步。马克思主义强调实践的重要性，认为实践使人类脱离自然状态、创造文明社会，并使人类行为更加理性。自然科学类课程与马克思主义理论紧密相关，共同塑造了我们对人类文明和自然环境的理解。通过学习自然科学类课程，我们可以更好地利用自然资源，推动人类社会的发展。同时，马克思主义理论为我们提供了科学的世界观和方法论，能够指导我们在实践中更好地发挥效能。自然科学作为改造世界的最有力的实践，以其理性功能成为推动社会进步发展的强大精神力量，其本身就蕴涵着丰富的思想政治教育资源。

（二）自然科学课程建设内容与国家发展紧密联结

帕尔默曾在《教育究竟是什么》中指出："合适的教育不是去获得满足全球资本主义的需求所需要的技能，也不是纯粹为了自己去获得知识。合适的教育尤其关心我们从学习中得到的价值和意义。"[①] 人文科学与社会科学解决的内容概括起来并不相同，二者有着本源上的区别。自然科学不能仅仅满足在科技上的成就，

---

① 乔伊·帕尔默.教育究竟是什么？100位思想家论教育[M].任钟印，诸惠芳译.北京：北京大学出版社，2008.

还要能够在人文价值的指引下，满足国家和社会发展的需要，朝着有利于人类发展方向前进。

自然科学类课程思政建设首先要培养学生"心怀国之大者"，帮助学生确立"强国有我"的信念和决心。习近平总书记指出，科技创新要"坚持面向世界科技前沿、面向经济主战场、面向国家重大需求、面向人民的生命健康"[①]。这"四个面向"说明了科技创新作为国家战略所发挥的重要作用，以及承担的使命和任务，它本身就具有一种价值指向。同时也说明了自然科学类课程思政的开展方向一定是围绕国家发展、民族复兴来进行的，国家重大战略和需求是自然科学类课程开展课程思政的第一个落脚点。恩格斯说："社会一旦有技术上的需要，这种需要就会比十所大学更能把科学推向前进。"[②] 科技创新是今天我们在面临世界百年未有之大变局时需要紧紧把握住的关键一环。一方面，自然科学要服务于国家战略，用科技创新力量推动国家各项事业发展；另一方面，自然科学课程具有深刻的教育属性，在传授知识、培养能力过程中，必须注重价值观的塑造。"为谁培养人、培养什么样的人"，是自然科学类课程思政建设的核心要义。

（三）自然科学类课程讲定理，又讲道理

教育应当以培养思维为重，而非仅仅聚焦于知识的传授。对于那些有志于深入探究学术领域的精英学者来说，仅仅满足于表面的知识是远远不够的，他们需要深入理解各种原理的内在机制。以数学为例，我们在教授时，不能仅停留在讲解定理的层面，更要引导学生理解这些定理背后的数学思维和逻辑推理过程，甚至还要引导学生理解那些看似高深难懂的数学原理的发明过程。这样的教育方式，才能真正培养出具有独立思考能力和创新精神的人才。尽管我们承认自然科学有其自身独特的属性，但自然科学课程不仅要传播知识、培养能力，更要落实立德树人根本任务，承担起价值塑造的功能。若只从学科属性本身出发，人才的培养便会陷入工具理性的窠臼之中。

自然科学类课程思政建设不是专业课程加思政，并非两者简单重叠或者机械相加，而要立足于课程本身深入挖掘思政元素。不同于哲学社会科学课程，自然

---

① 习近平. 在科学家座谈会上的讲话 [M]. 北京：人民出版社，2020.
② 中共中央马克思恩格斯列宁斯大林著作编译局. 马克思恩格斯文集：第 4 卷 [M]. 北京：人民出版社，2006.

科学类课程与思想政治教育之间有着较大的差距，如果说哲学社会科学课程思政在开展过程中关键是把握好立场，那么自然科学类课程中就很难找到一个共同的要素作为课程思政的立足点，这就造成了自然科学类课程思政资源的挖掘比较困难。有研究者指出，思政课教师一般不懂理工科专业知识，而理工科专业教师又不擅长思政教育。用材料科学与工程专业术语来说，就是专业教育和思政教育这"两张皮"因界面结合差而无法起到协同增效的作用。但是，思政资源的挖掘困难并非没有资源可以挖掘，相反，其蕴含着大量思政资源，只是在挖掘过程中难以准确把握。

挖掘困难根本上是源自自然科学类课程思政要素的隐蔽性与多义性。隐蔽性是指课程思政要素的呈现并不明显，是隐藏在专业课程之中的，但并非是与专业课程隔离的。这就说明在自然科学类课程中开展课程思政还是要深入自然科学课程专业之中，以专业课程为立足点。工科类专业课程不仅是技术传授，更是价值观与思想传递的舞台。在教学中，教师应当以知识讲解为主线，巧妙融入思政元素，使之与知识传授相得益彰。例如，在讲解某一工程原理或技术时，可以引入相关的国家政策、行业动态或社会责任等，使学生不仅掌握专业知识，还能领悟到其背后的社会意义和价值。另外，培养学生的大局观和家国情怀至关重要。通过教学案例，教师可以让学生了解我国在科技创新、环境保护、国家安全等方面的现状和挑战，培养学生的国家安全危机意识和全球战略眼光。同时，应该引导学生关注社会热点问题，鼓励他们从多角度思考问题，培养他们的社会责任感和公民意识。实践教学和案例教学也是融入思政元素的绝佳方式。通过实际案例的分析和讨论，学生可以更直观地理解专业知识在实际问题中的应用，同时也能改变他们对专业的认知，拓宽其就业视野。专业课与思政理论之间有着密切的联系。教师应当具备敏锐的洞察力和扎实的知识储备，能够准确把握专业内容与思政理论之间的关联，帮助学生融会贯通。同时，教师还应注重价值内涵的注入，使教学案例具有现实意义和新鲜感，从而引导学生树立正确的价值观和人生观。

二、自然科学类课程思政建设的内容重点

自然科学类课程的思政建设确实与其他课程有着相似之处，都重视隐性育人、多样化教学和个性化教学。然而，自然科学类课程的思政建设也有其独特性。它

不仅强调理论知识的传授,更注重实践应用和创新能力的培养。通过多样化的教学模式和空间,如实验、实践、科研等,学生可以亲身参与科学研究,体验科学发现的乐趣,培养科学精神和创新思维。自然科学类课程的思政建设旨在培养学生的政治认同,塑造其正确的世界观、人生观和价值观,同时磨炼其品行和陶冶其情操;通过多样化的教学模式和空间,强调理论联系实际、实践出真知,训练学生的辩证思维和客观理性,注重科学精神的熏陶,自然科学类课程的思政建设旨在培养具有创新精神和实践能力的高素质人才。

从宏观内容来看,自然科学类课程思政建设内容要以政治认同与使命担当为核心、以科学思维与人文精神融合为底蕴、以专业伦理与治学态度为基本支撑,并结合不同专业类别的侧重点进行具体设计。

(一)政治认同与使命担当是核心

自然科学类课程思政建设内容,首先是政治认同与使命担当。只有在政治认同的基础上,自然科学类课程人才的培养才能主动对接国家的重大战略,青年人才才能够真正将国家富强、民族复兴的使命担当扛在肩上。科技创新在今天具有非常重要的战略意义,而我国的发展正处在新的历史交汇处,实现中华民族的伟大复兴这一中国梦必须依赖千千万万的青年科技人才。只有让自然科学类课程所培养出的人才认识到国家的强盛、人民的幸福生活就是在具体的科技攻关中、在重大的国家战略中得以实现的,才能真正培养起青年学生的使命担当精神,才能让青年学生有深刻的政治认同感。《习近平新时代中国特色社会主义思想进课程教材指南》明确指出,理学、工学、医学类课程教材要结合学科专业的特点,阐释人民至上、生命至上的思想,培养学生胸怀祖国、服务人民的爱国精神,要引导学生深刻认识到科技创新在我国当下经济社会发展中的关键作用和核心地位。例如,武汉大学教授中国工程院院士刘经南在"测绘学概论"这门课程中设置的课程目标就是,使学生深入理解新时代北斗精神,拥有爱国情怀与高度社会责任感和历史使命感。他总结了新时代的北斗精神,就是自主创新、解决技术"卡脖子"问题,并强调了开放融合与万众一心的重要性。中国历来的伟大技术突破都是北斗精神下取得的,这是自然科学类课程思政开展所需要的使命担当与政治认同。如果没有强大的政治认同,没有坚定的责任心和使命感,就不能够创造出这巨大的成就。

自然科学类课程思政建设强调使命担当。在中国特色社会主义制度下,在中华文明、中国发展的历史和现代科学的文明这样一个大的背景和脉络下，如何发挥青年价值，更好地为国家、社会作贡献，当务之急是要增强青年的使命担当。在自然科学类课程教学中增强青年的使命担当，一方面要以理论学习为基础，深入理解习近平新时代中国特色社会主义思想的理论内涵，理解中华民族中国梦实现的历史意义，增强自身勇担使命的自觉性；另一方面，也要将理论与实践相结合，从历史和现实两个视角入手，从实践角度明白自然科学必须在现实社会中服务于社会主义现代化建设，在具体的实践中实现自我价值。例如，上海交通大学薛雷平教授的"流体力学课程"，其教学团队是由何友声院士一手创建并发展壮大的。"正身律物，淡利厚德，学贵致用，以勤补拙"，不仅是何院士一生践行的誓言，也是该团队核心精神的所在。流体力学课程教学大纲紧紧围绕"教育英才"和"育心铸才"的目标，在培养学生学习能力、思维能力、表达能力、实践能力等综合素质的同时，强化专业思想、提倡奉献精神，努力让人才培养落地生根。

（二）科学思维与人文精神是底蕴

自然科学类课程思政建设的内容要着重培育学生的科学素养与人文精神。自然科学类课程思政建设首先是围绕科学思维与科学精神展开的。科学是一种真理性的认识，科学精神实质上是在真理追求过程中呈现出来的一种求真务实的品质。因此，科学精神指向的是求真，而这一精神的呈现本身源自现实的实践活动，并且通过科学的思维逻辑和实证规范得出结论。尽管对于科学在整个历史发展过程中的作用各有解读，但学者们均认同其能够被实践检验。从广义上讲，科学精神本身具有普遍且丰富的内涵，如怀疑精神、批判精神等，本质上是对真理的追求。科学思维的启发是"课程思政"的着力关键。科学思维不仅是客观真理性的，同时还可以应用到现实的社会生活中。例如，今天我们以工科思维来解决工程问题，以理学思维建构经济生活。"量子力学的第一性原理即只用少量基本数据（质子质量、元电荷量、光速等）做量子计算，得出分子结构和物质的性质，这种从问题最基本的组成部分入手，一层层拨开事物表象，探索是否有更好的、可能的解决方案，探求本质的思维有很大的新颖性，成为商业领域广泛运用的高效思维方式。"[①]

---

① 余江涛，王文起，徐晏清.专业教师实践"课程思政"的逻辑及其要领——以理工科课程为例[J].学校党建与思想教育，2018（01）：64-66.

除了科学精神，人文精神是自然科学类课程思政建设的重要组成部分。科学精神一定是寓于人文精神之中的。人文精神指向的是价值，是真善美，是好与坏，是道德伦理，也是社会规范。其本质特征是在现实的实践活动中贯穿于人们的头脑和具体行为中，通过价值观念、理想信念表达出来，最终指向的是人的自我实现。科学精神与人文精神本质上是对真假与善恶的关系的探讨，一个是事实判断，一个是价值判断，两者是人类社会发展过程中长期并存的精神。科学精神在具体的现实实践活动中追求真理，人文精神在现实的实践活动中追求自我价值，追求人类的根本利益和社会进步。对于自然科学类课程思政建设来说，一方面，科学精神是自然科学课程的专业体现，代表的是对真理的追求；另一方面，人文精神则为自然科学课程的求真指明方向，代表的是对价值的追求。在人类社会发展过程中，两者总是交融在一起。自然科学类课程思政的内容建设，基本前提就是科学精神与人文精神的融合，也就是真理与价值的融合。

今天，技术革命浪潮此起彼伏，开展自然科学研究有助于实现国家的繁荣，有助于帮助人们追求更加美好的生活。但在另一个层次上，科学求真务实、追求真理的特征也容易使人走向一种极端的科学主义，使其对技术理性完全崇拜，失去了价值引导。在这种时候，技术的发明和革新就可能为人类带来灾难。这是因为，科学技术在不加限制的时候就是一把"双刃剑"，它既能够在社会生产力发展方面为人类提供支持，同时也可能对人类造成打击。科学技术应当为人类的自由和全面发展服务，这就是价值引导的意义，也是人文精神的价值体现。我们通过马克思主义的指导并结合自身的实践得知，科学并不是服务于某个人或者是某类人的，它是无私奉献的，就像袁隆平老先生研究出杂交水稻并非只为了自己填饱肚子，而是为了让全国人民填饱肚子。因此，自然科学类课程思政内容体系的构建一定是以科学精神和人文精神的结合为基础，它本质上体现的也是马克思主义理论真理与价值相统一的原则。因此，科学精神与人文精神的内在逻辑是统一在一起的，它们在最一般的意义上构成了自然科学类课程思政内容体系构建的底蕴。

（三）专业伦理与治学态度是基础

专业伦理是自然科学类课程思政建设一个非常重要的方面。如果说自然科学对于真理的追求是对自然规律的揭示，那么专业伦理就是在对自然规律揭示的过程中树立一种人与人及人与社会之间的相处之道。在根本意义上，自然科学的发现和探索能够推动科学技术的巨大进步，但是技术的运用是否有一个合理的范围，技术应该掌握在谁的手中，面对人与人冲突、国家与国家冲突的时候，什么样的技术可以使用，什么样的技术不能使用，尤其是在今天的信息革命时代，AI技术更迭速度越来越快，人类如何在伦理意义上看待这一技术的发展，等等，这些都是自然科学类课程开展课程思政要解决的主要问题。科学有可能为全人类作出贡献，同时也有可能给全人类带来灾难。从克隆技术到医学实验伦理都是这一问题的具体表现。更重要的是，专业伦理在很大程度上是一种规范的力量，是一种保障了各个行业健康发展的良好风气。例如，工程科学中是否能够在工程推进过程中保障零事故，并保质保量；临床医学中是否真正能够做到一视同仁，等等。因此，科学探索必须有专业伦理作为支撑，专业课程中要有伦理价值的指引。

专业伦理之外，治学态度也是今天我们自然科学类课程思政建设的一项重要内容，言传身教则充分表达了治学态度应有的内涵。"孟子说过，仁义礼智'根于心'而'生于色'，教师'以善先人者谓之教'，学生耳濡目染，'教师树立楷模、学生自谋修养'，言传身教、相习成风，所谓'从游'，自是如此。教师'以身作则，力矫颓俗'，学生'不惟思所以感己，更必有以励人'。"[①]课程思政不仅在课堂知识传授之中，也在教师的一言一行里。

自然科学类课程思政本质上就是要引导、培养学生，一方面使学生学习专业知识，形成科学求真的精神；另一方面也要帮助学生形成一种能够刻苦钻研、不计名利的治学态度。在专业课程的教学过程中，教师是通过自身将专业伦理与治学态度传达给学生的，这是自然科学类课程思政的基本内容。具体来说，无论是专业伦理还是治学态度，都要在具体的自然科学类课程教学中呈现出来：既要在课程教学过程中形成一种统一的理念，如严谨科学和以学生为中心的治学态度；也要在不同的自然科学学科门类中把握到自身的特征，从自身独特的专业伦理出发，塑造本学科的专业伦理，从根本上引导、培养学生追求真理、严谨治学的求实精神，淡泊名利、潜心研究的奉献精神。

（四）不同专业类别课程内容重点各有侧重

尽管自然科学类课程思政建设有着普遍的规范和共同的原则，但是自然科学

---

① 陈学恂. 中国近代教育文选 [M]. 北京：人民教育出版社，1983.

类课程内部也存在着差异,这既是不同学科属性的特殊性所决定的,也是因为受到了现实社会环境的影响。总体上看,理科强调的是突破性思维,工科强调的是底线思维,而农学与医学两个大的学科门类则是两方面都要强调。对于农学学科来说,一方面要对基础学科如生物学有所把握,要求保持理学门类的突破性思维;另一方面,它又是一种属于实践性门类的学科,必须走向田间地头,在具体的实践中把握学科发展,进行人才的培养。而医学门类更是如此,一方面,既要在基础性理论上作出重大突破,解决疑难问题、防御和研究重大疾病灾害等。如新冠肺炎疫情暴发正是医学科研工作者夜以继日地研究才研发出有效针对新冠病毒的疫苗,从中可体现出突破性思维。而另一方面,医学门类学科面对的是病人,本质上是治病救人,治病救人便是一种底线思维,不能有任何的差错和意外。因此,不同专业类别的课程思政内容应该结合本学科的特殊性,在统一规范的基础上建构自身独特的课程思政内容。

1. 理学课程

教育部《高等学校课程思政建设指导纲要》提出:"理学类专业课程,要注重科学思维方法的训练和科学伦理的教育,培养学生探索未知、追求真理、勇攀科学高峰的责任感和使命感。"[①] 具体来说,对于理学课程来说,科学精神、创新进取精神至关重要,理学课程思政的开展需要以科学家精神为目标,追求卓越、突破自我。为此,课程思政就需要在科学思维、系统思维、创新思维和实践思维方面下功夫。具体包含三个层次:一是要培养能够坐冷板凳的坚守精神,以科学思维推进理论研究;二是要培养学生进取精神,以系统思维和创新思维为基本方法打破传统的界限,勇攀科学高峰;三是要回归现实,以实践思维对照现实发展。理论研究不只局限在实验室,也应从中国现实出发,将论文写在中国大地上。理科课程思政的开展是一个复杂的过程:一方面,要保障学生的好奇心,打开他们对世界的想象,培养他们创新求取的精神;另一方面,更要真正做到铸魂育人,抓住学生的"魂"。这就要求教师必须以身作则,将价值观教育自发融入课程教学过程中。现代教育对于教师的要求越来越高,教师已经不再是之前那种仅仅传授知识的角色了,当代教师的职责应当是对学生进行全面的培养,使学生全面发

---

① 教育部.高等学校课程思政建设指导纲要 [EB/OL].(2020-05-28)[2020-06-02].http://www.moe.gov.cn/sresite/A08/s7056/202006/120200603_462437.html.

展。例如，上海交通大学郭为忠教授主讲的"设计与制造Ⅱ"课程，采用了项目式教学技法，紧扣了"中国制造2025"制造强国和创新型国家发展战略大背景，瞄准了国家建设对现代机械和机器自主创新研发能力培养的战略需求，融入现代机械和机器创新设计理论方法成果。除了传授知识与能力外，教师更要帮助学生建立起思想与情感，让学生在思想上成为合格的社会主义接班人，进而为未来投身制造强国和创新型国家建设打好专业能力根基。

2. 工学课程

教育部《高等学校课程思政建设指导纲要》提出："工学类专业课程，要注重强化学生工程伦理教育，培养学生精益求精的大国工匠精神，激发学生科技报国的家国情怀和使命担当。"[①] 对于工学课程来说，其课程思政的开展主要强调的是底线思维，需围绕着工匠精神开展。毋庸置疑，底线思维是工科学生都要牢固确立的意识，"失之毫厘，谬以千里"的道理在工科学习中体现得尤为明确。工匠精神是工科课程思政建设的重点内容。具体来说，这种工匠精神包含的微观层次非常多。首先，责任担当。教师要对任何工程的质量与安全有终身负责的态度，并将这样一种责任和态度言传身教传达给学生。其次，敬业精神。这不仅是工学课程思政开展的核心要素，也是任何一个学科和行业必须遵守的精神，无论是面对重大工程战略还是普通的工程实施，都要以敬业的态度面对。敬业精神保障了工学课程思政开展所强调的底线思维。再次，务实精神。务实是实践性工学课程思政开展的重中之重，所有的工程设计都必须面对现实的国家发展和人民需要，而不能只停留在想象中，停留在虚无缥缈的概念里。最后，奉献精神。奉献精神是我国长期以来能够保持长久发展的关键要素，无论是"两弹一星"、神舟系列、核潜艇等重大工程中的那些伟大的科学家，还是默默无闻地为中国建设付出的"无名之辈"，他们都践行着奉献精神。工程的本质还是在人，奉献和人密切相关，因此，工学课程思政的开展，一定要落脚于人。一方面是学生能力的培养，另一方面是价值观的塑造。例如，上海理工大学在工科人才培养中，基于工学的学科特点进行课程思政设计，以培养具有"家国情怀、国际视野、科学思维、工程能力、完善人格"的工科人才为中心，以发挥党建优势为政治保障，以课堂育人为主渠

[①] 教育部.高等学校课程思政建设指导纲要[EB/OL].(2020-05-28)[2020-06-02].http://www.moe.gov.cn/sresite/A08/s7056/202006/120200603_462437.html.

道，矩阵式构建富有工科特色的学生、学术和课程为一体的育人模式，实现对学生的知识传授、能力培养与价值引领。

3. 农学课程

教育部《高等学校课程思政建设指导纲要》提出："要在课程教学中加强生态文明教育，引导学生树立和践行绿水青山就是金山银山的理念。要注重培养学生的'大国三农'情怀，引导学生以强农兴农为己任，'懂农业、爱农村、爱农民'，树立把论文写在祖国大地上的意识和信念，增强学生服务农业农村现代化、服务乡村全面振兴的使命感和责任感，培养知农爱农创新人才。"[1]

具体来说，农学课程本身兼具理学与工学的特征，因此农学课程思政的开展，既要培养科学求取的精神，也要培养立足现实的务实精神。农学课程思政开展的思路主要围绕三个方面展开：一是目标，应在教授课程知识与技能的同时树立学生正确的世界观、人生观和价值观；二是方式，要采用科学有效的方式，通过通俗易懂的语言和道理，结合农学专业自身的特点，较好地发挥教书育人的功能，真正实现课程思政润物无声、春风化雨；三是原则，包括科学性和思想性协调、科学内容与思政内容融洽、世界视野与中国特色交汇、内容与形式匹配，以及第一课堂和第二课堂相协调，等等。而在具体的实践中，则是要真正做到精选各种素材、融合多种方法，在课程教学过程中做到课程思政元素的合理分布。例如，中国农业大学"普通昆虫学"课程负责人彩万志教授在长期的授课过程中确立了以"4C"为核心的教学创新体系：一是一个中心，以学生为中心（Center）；二是八个育人理念（Concepts），即家国情怀、批判精神、善于创造、勇于挑战、团结合作、拼搏进取、文化自信、持之以恒，这些理念都和思政相关；三是八项建设措施（Constructions），涉及师资力量、教学组织、教材质量、教学方法、教学素材、教学网络、学习团队、考核评价；四是六种能力（Comprehensive abilities），即想、读、做、写、讲、领。该农学课程的内容体系最终指向心中有三农、脑中有思路、眼中有绿色、手中有举措的目标。

4. 医学课程

教育部《高等学校课程思政建设指导纲要》提出："要在课程教学中注重加强

---

[1] 教育部. 高等学校课程思政建设指导纲要 [EB/OL].(2020-05-28)[2020-06-02].http://www.moe.gov.cn/sresite/A08/s7056/202006/120200603_462437.html.

医德医风教育，着力培养学生'敬佑生命、救死扶伤、甘于奉献、大爱无疆'的医者精神，注重加强医者仁心教育，在培养精湛医术的同时，教育引导学生始终把人民群众生命安全和身体健康放在首位，尊重患者，善于沟通，提升综合素养和人文修养，提升依法应对重大突发公共卫生事件能力，做党和人民信赖的好医生。"①

古人讲，医者仁心。一方面，医学从古代到今天已经走出了传统医学本身的界限，它是一种围绕人的生命展开的学科。所以医德医风其实是一种冷静的医学温度，是在感知到生命的脆弱时，给人带来温暖；另一方面，医学不仅面向个体，也面向全社会，面向国家和他人。医学就其本质来说一定是奉献和利他的学科，主张救死扶伤、保障人民的身体健康。只有依赖专业课程才能把课程思政做好，离开了专业课程，课程思政就是无源之水。在做精专业课的基础之上，实现专业与思政的广度和深度的融合，需要分层次展开：首先呈现的支撑体，就是我们的教学内容、教学理论体系；其次是对内容背后体系的挖掘，即深化课程的学术广度与深度；最后在润物无声中为课程赋予价值和意义，让课程充满温度。例如，上海中医药大学"正常人体解剖学"课程负责人张黎声教授便主张课程思政融入医学学科的方式有多种，可以根据自己课程的特点与优势进行内容选择，既可以挖掘与提炼课程理论与知识中蕴含的哲学原理、思维方法，也可以用讲故事等案例形式开展课程思政。具体来讲，比如针对社会上各种医学流言，要做好引导和评判工作就要做到三条：知识够用、有价值信仰以及有社会责任感。

三、以专业认证思维推进自然科学类课程思政建设

不仅是我国，全世界都存在专业认证制度。对于教育的专业认证国外起步比我国更早，但是我国通过借鉴国外的先进经验，奋起直追，2016年正式成为《华盛顿协议》的成员国。此项协议是国际上为教育保障实施的认证协议，它从整体上引领着世界高等教育的进步方向，为培养各国高素质人才作出了巨大贡献。专业认证思维遵循高等教育的专业认证理念、目标和方法，对教育实践活动进行设

---

① 教育部.高等学校课程思政建设指导纲要[EB/OL].(2020-05-28)[2020-06-02].http://www.moe.gov.cn/sresite/A08/s7056/202006/120200603_462437.html.

置、优化、完善和评估。专业认证思维在具体教学课程中体现为：以学生为中心开展教学设计，回归人才培养和质量提升的教学任务；以产出为导向把关毕业要求，优化完善培养过程；以持续改进机制做好教学评价和教学反馈。围绕自然类课程开展课程思政，可借鉴专业认证思维，聚焦人才目标、优化课程体系、完善课程思政教学方法，同时建立以学生为中心的评价体系。

（一）聚焦人才培养目标

自然科学类课程思政建设的目标主要落脚于人才培养。从本质上说，以专业认证思维推进自然科学类课程思政建设就是要聚焦人才培养目标。具体是指，要在自然科学类课程中挖掘思政元素，发挥其在人才培养中的隐性功能。自然科学类课程的课程思政充分体现了每一门课程的育人功能、每一位教师的育人责任，能够提高全体教师育德能力和育德意识、提升人才培养质量。

具体来讲，自然科学类课程思政建设聚焦人才培养目标需要从两个方面入手。第一，坚守专业课程，充分发挥专业课程学习对学生知识、能力方面的培养作用，使学生具备真才实学。这就要求课程教学面向新的发展形势，以新理论、新观念推进本学科的发展，抓住如新工科、新医科、新农科等重要发展机遇，聚焦更高层次人才的培养。第二，发挥思政育人功能。自然科学类课程的课程思政要达到的育人目标是培养兼具才干与德性，以自己所学回报社会、建设国家的综合性人才。例如，同济大学吴兵教授讲授的"交通管理与控制"课程。这门课程对于交通工程专业很重要，在该专业课程结构中是必修课，同时这门课程也会作为一些其他专业的选修课程。其主要内容是研究、学习道路与交通的各种管理与控制技术的理论与应用，课程主要聚焦于管理思维的培养，核心任务是提升学生的协同管理能力。结合课程的内容，其具体的思政教学要点设置了以下四个方面：一是协同管理的思想体系。协同管理的思想贯穿于整个交通管理与控制课程的内容之中。教学过程中，教师将在每个过程中充分落实这一思政教学的要点。二是面向需求的服务意识培养。管理某种程度上就是服务。如何培养学生的服务意识，而不是使他们简单生硬地从上而下地管控，是本课程的重要任务。该要点的落实同样贯穿全部课程。三是管理规则的制定和遵守意识培养。规则意识，是指发自内心的、以规则为自己行动准绳的意识。如何制定合适的规则，并在实践中遵守规则，是非常重要的内容。四是协同管理的优化意识与方法。协同管理涉及具体的场景、约束条件和优化目标。随着问题复杂性的增加和管理要求的提升，精准的方案需要合适的方法、途径和手段去确定和实现最优决策，而拥有协同管理的优化意识领域重要。

（二）优化课程体系

课程体系优化是自然科学类课程思政建设的支撑。按照专业认证思维推进自然科学类课程思政建设，我们要建立以培养目标、毕业目标、课程目标为根据，三位一体的全面课程体系，通过更加科学、系统的可成体系，我们既可以达到社会对学生的专业素质要求，也能使学生能够达到社会要求的思政高度，进而促使学生全面发展。

无论是理工学科还是农林医学，专业认证思维都是要将课程思政元素纳入各个学科门类的具体教学和人才培养之中，真正实现全程育人和全方位育人。例如，上海大学"科技与伦理"课程。该课程从知识传授层面，将政治内容与学科体系相结合，形成全面的政治教育，结合历史帮助学生理解社会主义现代化建设。从价值引领层面，培养学生探索未知、追求真理的责任感和使命感以及勇于奉献的社会责任，让学生成为在思想上合格的社会主义接班人；从能力培养方面，该课程注重科学思维方法的训练和科学伦理、工程伦理的教育，培养学生的人文素养与创新能力。

具体到各个学校的各门学科，则需要根据专业培养目标、教学反馈情况及社会发展状况制定和完善本专业的课程专业体系，最终保障人才培养质量。专业核心课程能够呈现出各个专业自身的特征，具有特殊性。按照理学、工学、农学及医学的专业特征学习专业知识，这是推进自然科学类课程思政建设的前提和支撑；专业基础性课程，如数学、物理和化学等，它们不仅作为一般性知识存在，同时还构成了其他课程学习的基础；人文素养课程的开展是在学生专业课程学习之外进行的，它能够培养学生在研究和学习过程中应当具备的其他要素，如理想信念、专业伦理、治学态度等人文精神。

在各个学科和专业的课程体系中，任何一门课程都要对照人才培养目标、围绕课程思政目标进行教学设计、课程内容完善，特别应注重从单一的人才培养模式向多元化的人才培养模式转变。例如，同济大学的"土木工程与土木工程师"

课程思政的初衷就是从单一的知识传授向知识、能力、素质并重培养的转变；随着学生身心成长和专业认知的深入，从专业内涵、发展历史、伟大工程、土木工程大师、案例分析、社会影响等不同维度，形成知识、能力、素质层层递进的培养过程。

（三）完善课程思政教学方法

自然科学类课程的课程思政教学一般按照"知识单元""知识传授和能力培养点"及"课程思政的教学知识点"三个模块来进行。通过在教学过程中自然、无痕地将课程思政育人元素融入具体教学之中，实现知识点、能力点和思政点的有机融合。自然科学类课程思政教学方法的完善可以从以下三个方面入手。

第一，合理布局课堂教学与课外实践。具体的教学设计围绕课堂教学和课外实践统筹设计，以课堂教学服务课外实践、课外实践促进课堂学习的项目式教学为基础，设计课程思政教学的整体布局。例如，上海交通大学的"设计与制造Ⅱ"课程就是在项目式教学基础上，紧扣国家高端装备创新和科技强国建设战略大背景，将中华民族的光辉机械发展科技史、国家伟大复兴的科技强国发展战略、科学精神和大国工匠精神、当代青年的历史使命和责任担当有机融入课程专业知识点和能力点教学，采用分布式、融入式课程思政教育教学整体设计思路，课程思政教育的专业特色和学科优势的十分鲜明。

第二，完善课程思政要素的体系化分布。自然科学类课程思政建设需要建立完整的目标、逻辑和策略，课程每一个专业知识模块不仅需要完整独立的思政教育切入点，而且需要思政点的体系化，以及逐步进阶的思政教育目标和实施途径。要实现课程思政预期的目标，需要明确课程专业知识教学模块，使之指向清晰的专业知识模块的课程思政点。同时注意专业知识模块过于细节会导致课程思政知识点的碎化，从而引发缺少整体性的育人感受。保持适当完整的课程专业模块，有助于形成整体性的课程思政教育体系。例如，同济大学的"景观生态学"课程，在具体的课程思政教学方法设计中，共设计"生态伦理与正确的人地关系""生态表达挖掘与文化传承"和"生态规划设计逻辑与生态文明建设"3个模块、9个知识单元、22个专业知识点和2个思政知识点，将专业知识点与课程思政知识点无缝衔接在了每一节课堂上。随着专业教学的深化不断扩展思政教育，实现了课程思政培养目标，服务于建立和谐人居、绿色发展和可持续建设的人类命运共同体的国家战略。

第三，以案例教学为载体，增强启发式教学、参与式教学方式在自然科学类课程思政教学中的思政亲和力。例如，上海海洋大学的"水产动物育种学"课程，在专业教学中聚焦育种学基本概念、引种与驯化、选择育种、杂交育种、多倍体育种、唯核发育、性控育种、分子育种8个教学知识单元，囊括20个教学知识点。在教学过程中，开展对学生的"三农情怀""乡村振兴战略"教育，以及"生态文明教育"和"生物安全"专题教育，将思政教育有机融入专业教育中，在专业教育中强化思政教育。

（四）建立以学生为中心的评价体系

建立以学生为中心的评价体系，是以专业认证思维推进课程思政建设的重要举措。"学生中心、产出导向、持续改进"，是专业认证的理念，可衡量、可评价、可检测是专业认证的要求。自然科学类课程开展课程思政要求各专业将课程思政建设与师德规范、职业伦理、教育情怀、综合育人、自主学习、反思研究及国际视野等内容结合起来，在专业认证理念指导下探索课程思政在课程层面、专业层面的评估指标，进而形成完善的评估体系。例如，上海交通大学邵华教授讲授的"工程学导论"课程，作为一门面向工科一年级的核心课程，在开设时就已经形成一种整体的设计思路。一方面，课程不仅为学生提供工程问题及其解决方案的基础知识，同时培育学生认识、提出工程问题的能力，通过团队合作、研究、设计解决方案，提高学生工程技术交流的能力，培养学生的工程职业素养；另一方面，该课程从工程师这一培养目标出发。工程师的工作对于人类和社会的生存和发展军有着巨大的影响。这些影响有些是积极的，有些是消极甚至灾难的，而强调工程职业道德教育正是为了降低、避免这些消极的影响。

人才培养需多因素协同，涉及完善教学计划、合理教学结构、选择高质量教学内容和有效教学方法。课程思政教育对实现培养目标具有重要意义，教师素质决定思政教育质量。而想要完成对学生的思政教育，教学与教材都是必不可少的。自然科学类课程思政建设要能够反馈整体的设计思路及最终目标，而这离不开以学生为中心的科学的评价结构。第一，树立正确的评价导向。自然科学类课程开展课程思政，在建立以学生为中心的评价体系时需要树立正确的教育评价导向，将课程思政作为教师思想政治工作的重要环节、作为教学督导和教学绩效考核的重要方面。例如，华东师范大学计算机科学与软件工程学院将课程思政纳入学院教学管理和奖励体系，针对在课程思政教改有突出成果的教师有明确的奖励制度，将"三全育人"纳入日常教学体系，对于在"实践育人"和"科研育人"等方面取得标杆性成果的教师将实施奖励，实现了师德师风长效化监督。学院建立日常听课制度，对教师的育人过程实施全方位科学评价。第二，制定科学系统的评价指标体系。从评估维度看，需要围绕教学内容、教学方法、教学过程、教材使用、教学成效等各个环节，制定课程思政的质量标准，建立科学、有效、多层次的课程思政评价指标结构，包括定期开展教学大纲检查、教学设计比赛和听课评课活动，推动课堂教学质量的整体提升。第三，全面实施程序评价。积极探索符合教育教学规律和学生认知特点的评价方式，从教学的第一环节教学目标开始到教学的最后环节教学反思结束，将整个过程纳入全流程的评价体系之中。第四，侧重学生学习成效评价。基于专业认证理念，探索学生学习成效的评价，涉及学习目标、学习内容、学习过程、学习成效等多个方面。通过学生的课程学习成效评价和毕业生培养质量跟踪调查，评估课程思政培养目标与学习目标的适切性、可行性及达成度。第五，在学生学习成效评价之外还可以辅以同行评价。教育教学活动最终将教育落实到学生本身上，教育最终为学生服务、以学生为本，所有教学评价也要最终做到以学生为主体。只有将教学相关的一切落实到学生身上，才能得到适应现代社会的教学评价。

四、注重专业实验实践课程的课程思政建设

实践活动是人类知识生产的源泉，也是人的社会化的重要途径。从现代教育的视角来看，实践活动是人的教育的过程不可或缺的重要环节。专业实验实践课程是自然科学类课程的重要组成部分，因此，教师在进行教学的时候要注重学生的认知与行为相统一，做到既注重知识，也注重学生的行为。学生的行为不仅会影响教育本身的意义，还会影响其认知方面，比如学生的创新精神会指引其探索更深处的知识，形成知识与行为的相互促进格局，最终使学生全面发展，使其更加适应社会。

（一）充分发掘专业实验实践课程的育人功能

新时代思想政治教育的必然趋势是要进入学生深层的生命世界，是入脑、入心和外化于行的有机统一。其存在着思想政治教育的知、情、行维度。"知"即社会主义核心价值观通过融入各学科知识体系的教学，而全面进入学生的精神世界，得到学生在观念上的自觉认同，以取得"进头脑"的渐进效果；"情"即"四个自信"的坚定立场真正内化到学生的感性世界，得到学生在情感上的自觉接受，实现"入心"的境界；"行"即学习效果进入到学生的日常生活世界，达到学生在行动上的身体力行和自觉践行，就是做到"外化于行"。

专业实验实践课程不同于一般专业教育，它能够从课堂延伸到社会，从知识学习延展到实践体验和实践践行，充分体现了"知行合一"原则的理论引导＋价值引领——实践践行＋价值内化的内在统一性。实践教学环节一般具有三个场域：专题实践教学、社会实践教学、专业实践教学，都应当成为实践教学环节课程思政的有机组成部分。实验实践课程思政要通过上述三个实践教学环节完成体验性认知，达成理论引导、价值引领与实践践行内在统一的目标。其具有以下特征。

1. 突出实践性

首先，将实践教学环节纳入课程思政体系的整体过程，打通课堂理论教学环节与实践教学环节的隔膜，平衡把握好课堂教学和实践教学的内在互动关系；其次，要围绕高校课程思政改革的总目标，进一步强化实践类教学在"价值塑造"及"正确社会认知能力培养"方面的核心功能，依据各类课程的教学大纲要求，结合学科特色，凝练实践教学环节的核心目标及突破点；最后，统筹规划涵盖专业类各门核心课程的实践教学方案，打破传统课程实践教学环节的各自为政、互不统属的散乱状态，形成一个既统一协调又功能互补的实验实践教学体系，确保课堂教育与实践教学目标的有效衔接，实现价值引导自然贯穿其中。

2. 发挥主体性

学生始终是教育活动最活跃、最根本的主体，学生的主体意识是否充分调动、主体地位能否有效发挥，是决定教育整体目标能否实现的关键因素之所在。首先，要充分激发学生在实践教学环节中的实践主体意识，引导学生通过自主实践和自我教育，验证并理解所学的理论知识，进而在实践体验中将价值教育要求内化为自觉追求；其次，要从学生专业培养及价值塑造的基本规律出发，根据课程专业教学体系的整体要求与各门核心课程教学大纲的基本要求，通过教师的引导与组织，安排恰当的实践任务与实践方式，帮助学生印证和消化所学基本原理与基础知识，进而锻炼和培育学生应用基本原理解决实际问题的基本能力；最后，要注重方式方法，结合课程教学的要求，寻找合适角度与途径，完善实践教学流程，构建以理论引导—实践体验—内化践行—能力培养为基本目标的学生自主学习参与机制。

3. 增强实效性

增强教学实效性，是检验专业课程教育成败的关键。它除了与教育教学理念及教学方法等有关外，还与教学制度及规范建设密切相关。首先，要在教学环节中，采取"理论教学与实践环节相结合"的办法，精细设计实验实践教学方案，有针对性地改进实践教学措施与活动。其次，在教学制度建设中，要立足于增强实效性的目标，在实践目标设置、实践方案选择、实践教学制度建设及考评机制方面下足功夫，以确保实践教学实效性目标的有效达成。同时，还要结合办学特色，统合"专业实践""产学合作教育"等各类特色实践平台，探索实践教学的新渠道和新途径。最后，将高校三个主要场域的实践教学统合为一个系统的实践教学体系，实现三个场域的统一协同。即：进一步协调各门思想政治理论课程的专题实践；进一步协调学校各个部门组织的各类社会实践；进一步协调各个学院专业组织的专业实践。通过三个场域实践教学的有机整合，使课程思政的实践教学环节，成为一个有机结合的统一整体。

（二）抓实专业实验实践课程育人重点环节

专业实验实践课程要真正贯彻落实课程思政目标，就要通过科学规划与系统整合，从"优化实践教学目标、强化实践教学环节、整合实践教学资源"三个基本方面入手，系统构建理论教学与实践环节有机结合的、规范的"一体化"实践教学新模式。

1. 优化实践教学目标

要结合高校思想政治理论教育三个场域的实践教学，结合理工科课程学科特色和教学重点，协调安排实践教学的内容与方法，设计有鲜明针对性的实践教学方案，并使专业实习、实践教学与价值培养有机融通，形成一个各有侧重、重点突出、层次清晰且整体互补的实践教学系统。例如，上海中医药大学李福风教授的教学团队开发的"中医诊法技能训练"课程，是教学实验中心综合实验教研室开设的实践实训课程，就是中医学等专业学生的必修课程，包括望神色形态、望舌、切脉方法训练及常见脉象的体会、脉图描记和分析、爪甲微循环观察、腹候的诊察方法及腹诊仪在腹力测定中的应用、中医诊法综合辩证训练 PBL 教学 7 个实训项目。教学团队反思以前的教学实践及课程改革，使内容偏重于中医基本理论及诊断技术技能，从一定程度上实现了培养中医专业技术人才的目的。但是医学对象是人，医学始于人并且充满人文关怀，人文关怀渗透于医学领域就是医德，而"技术至上"的教学改革忽视了"人文关怀"等医德内涵的建设。为了纠正这一问题，该团队将下一步的教学改革重点放在了以"人文关怀"为主要内容的德育内涵建设上。

2. 强化实践教学环节

将实践教学作为课程思政主要载体之一，要系统设计实践教学体系、安排教学内容，将育人元素融入专业实验、实践全过程。例如，华东理工大学韩霞老师主讲的"材料化学与物理专业实验"课，是材料化学专业的一门专业必修实验课，也是材料化学专业的核心课程之一。该课程包括材料化学实验和材料物理实验，与材料科学、高分子化学和高分子物理理论课相辅相成，又自成一体。她在课程设计过程中，对化学材料的功能与结构相关内容进行教学，采用多种教学方法，如实验法、直观法等对化学材料结构进行论证，进行材料物性分析、材料表观形态分析及其力学性能、热学性能、光学性能分析等。在教学中，既有经典的、常用的基本实验，也有一些新发展而来的新内容和新仪器的使用。为了培养学生的创新能力，她还设置了一些研究性综合实验作为开放实验供学生选做。前期实验课堂的准备中，蕴含的价值教育元素主要是就学生的实验技能、实验数据的记录与分析方面展开，课堂训练针对培养学生批判性的科学思维、实事求是的严谨态度和耐挫能力。以上内容可以体现强化实践环节的重要性，它不仅可以帮助学生进一步地深化掌握理论知识，还能帮助学生提高自身的专业实践能力，做到使学生的能力与教学要求甚至是社会要求相匹配。除此之外，强化实践环节还能帮助学生实现情感上的提升，帮助学生形成勇于创新、奋发向上的探索精神，以及科学严谨的实践态度。

3. 整合实践教学资源

丰富和多样的实践教学形式，如参观考察、社会调查、参加实践教学基地劳动、专业实习等，就决定了实践教学的场域不再仅仅囿于学校的课堂范围内，而是由封闭、单一的课堂范围走向了开放、多向的社会场域。高校需要充分利用学校自身的资源优势，主动与大型企事业单位、城市社区、农村乡镇等建立联系，利用社会资源优势建设长期的、稳定的、常规化的实践教学基地。例如，华东师范大学周立旻教授负责的"自然地理野外实习"课程，确立了"双驱动"人才培养理念，牵引人才培养模式改革，开展以课程思政为牵引的野外实践教学体系重构。以"大战略、大工程、大生态、大民生"为主题，梳理野外实践资源，强化红色资源与专业教学目标的有效融合，提升学生的内生学习动力。教学内容重构——以课程思政和专业教学融合为目标，系统重构野外实践教学内容，加大中国智慧、中国案例相关内容在实践教学中的比重；教学组织重塑——以课程思政为牵引，深化野外实践教学模式的改革，从巡游跨越式教学组织形式，向点—线—面一体化设计模式转变。建设课程思政野外实践基地，在思政与专业结合的关键点上，开展驻点式实习，夯实专业实践，并助力思政堵点的学通、弄懂，更以思政教学成果助力专业理想的塑造，目前已建成"贵州大国重器与石漠化脆弱生态治理课程思政野外实习基地""长江三角洲课程思政野外实习基地"。高校需要依托野外实践教学的特殊优势，针对专业学习和思政环节结合的难点和堵点环节，依托实践教学资源在大国重器、脱贫攻坚一线开展教学，促进专业理论教学与实践教学的融合，促进学生正确的理想信念的形成。

（三）提升专业实验实践课程育人的基本对策

突出强化实践育人理念与机制，完善高校实践类课程思政建设的运行体系，探索多种形式联动的课程思政实践育人途径与实践类课程思政的育人机制。

1. 加强课程思政建设的实践教学体系

在实践教学体系设计方面，高校专业实验实践类课程教学涉及多个社会实践和专业实习场域，也关联到高校专业人才培养的诸多环节，需要加强协同，拓展社会实践的育人门径，引领学生走出校园，深入社会生产、生活一线，使其真切了解社会变化，获取实践真知。同时着力构建开放性、全场域的实践教学体系，调动校内、校外一切可以调动的积极因素，使学校、家庭、社会形成教育合力，促进育人要求由外在的"理论说服"与"价值引导"转化为内在的"德性修养"与"价值内化",寓实践育人于专业实践环节,寓价值认同和思想转化于社会实践行动之中,切实提高实践教学的有效性,使其真正发挥和落实实践教学的"立德树人"功能。

2. 完善课程思政建设的运行体系

构建实践教学一体化管理平台,优化实践教学机制,整合实践教学资源,实现专业实验实践类课程思政的体系化、规范化、情境化、社会化、产学一体化。实现三个结合,即理论认知与实践体验的结合、思想教育的价值引领功能与能力培养目标的有机结合、规范管理与创新实践的结合;突出四个重点,即实践教学的规范化、实践教学的情景化、实践教学的网络化和实践教学的社会化;整合五种资源,即有效整合学校资源、社会资源、市场资源、家庭资源、政府资源,构建"一体化"课程思政实践教学平台。

3. 注重课程思政建设的引导机制

坚持思想教育与实践教育的有机结合,发挥实践教学的"体验式学习"的价值养成规律,使思想政治教育目标成效有机内化为学生的价值认同、内在道德认同和行动自觉。坚持以学生为本,通过教师有效引导与学生自主探索的有机结合,使实践环节覆盖全体学生。正确发挥好教师作为引导者在整个实践教学活动中对学生实践活动的引领、干预作用,充分尊重学生的自主性和独立性。因势利导,做好实践育人的引导工作,如加强大学生职业生涯教育与课程思政实践育人的结合、加强大学生党团工作与实践育人的结合、加强大学生社团活动与实践教学的结合。

4. 探索课程思政建设的协同育人机制

专业实验实践课程开展课程思政建设,是一项复杂的系统性工程,需要强化协同育人意识,建立主体协同、制度协同、平台协同的协同育人机制。

增强实践教学的主体协同。主体协同,是指在课程思政的实践教学环节中起作用的各类参与主体之间的能动协调关系。通过合理安排组织结构与制度机制设计,促使各个参与主体之间相互配合与相互制约,共同实现思想政治工作的育人目标,达成协同育人的效果;增强实践教学的制度协同。制度协同是指课程思政实践类课程中,各项制度的相互配合、相互协调,可以调动并保障各主体间的协作关系，共同推动育人目标的实现；注重实践教学的平台协同。平台协同，是指课程思政实践类课程教学体系和学科体系之间，形成相互配合、相互协调的有效关系。其包括两个基本维度：一是课程协同，指实践育人的显性教育和隐性教育的课程协同；二是学科协同，特别是马克思主义理论学科与其他学科的协同关系，形成理论育人与实践育人的有效协调机制，形成高校课程思政协同育人的合力。

五、自然科学类课程与课程思政的融合——以理工课程为例

（一）总体分析

1. 具体分析与措施

国家与政府已经为我们制定好了相应的法律法规，为现代高校的自然科学类课程与思想政治的融合打下了基础，现在可以说只差最后的"临门一脚"。目前，当务之急是根据课程思政的特点制订好行之有效的方案，搭建政策与实践之间的桥梁。

（1）课程思政的特点和难点

①基本特点

我们以理工科为基础对课程思政与自然科学的结合进行研究，从中可见课程思政的基本特点。

第一，课程思政的时间需控制。由于理工科的实践性较强，未来工作面临的困难可能会很多，因此需要大量的时间进行知识与技术的教学，那么进行课程思政的时间无疑会被压缩。如果进行课程思政的时间过多，会导致原本要讲述的内容讲不完，如果进行的时间过少则起不到思政的效果。

第二，根本与辅助需弄清。对于理工学科来说，其本身的内容教学是根本目的，而课程思政只能是学科教学的辅助。但是"辅助"内容同样重要，只有将根本与辅助相结合，才能实现学生的全面发展。

②普通难点

除了上述特点外，还有一些教师经常会遇到以下难点。

第一，专业内容与课程思政不好结合，思想政治本身就属于人文科学，其内

容往往与理工科相差甚远，这就要考验教师讲课程思政与专业课程结合的能力了。

第二，理工科注重思维逻辑，其内容先后顺序往往极为固定，若强行加入课程思政内容可能会起到反效果。

第三，注意课程思政引入的方式，尤其是要引起学生的注意，不能让学生一直沉浸在之前的理工科学习内容中。

第四，虽然教师的专业水平过硬，但是其本身就有可能对思想政治一窍不通，因此学校要抓紧对教师的思政培养。

第五，理工科的教师擅长讲述逻辑，但不一定擅长讲述思政内容，因此需要培养教师的思政表达能力。

（2）课程思政的抓手和对策

通过对自然科学类课程与思政结合的困难进行了分析，这里提出以下解决方法。

①根据特点对症下药

第一，利用细碎时间多次进行，思政内容是辅助，不能喧宾夺主，但是可以在课程节点中多次进行思政教育，最终拼凑出整堂课的思政教育。

第二，利用多种方式进行。理工课程本身就较为枯燥，因此更不能一概地讲述，可以采用游戏、阅读、音乐等多方面手法让学生接受思政。

②破解课程思政难点的对策

想要解决第一个问题的主要方法是要将课程思政内容与教材进一步结合，深度研究教材，在教材的基础上进一步进行举例，这些例子往往可以与思政内容有一定的关系，并以此引出课程思政内容。

想要解决第二个问题的关键是引入过渡点。过于直白的"直抒胸臆"必然会非常突兀，但是如果在学科内容与思政内容引入一个过渡点，以过渡点为基础做到从学科内容向思政内容过渡，这样可以使学生更易接受。

想要解决第三个问题需要教师在课下更好地设置自身课程的进度与安排，比如留给学生一定的思考时间，这样学生就不会在引入思政内容时还在思考别的问题。同时，要求教师增强自身对于课程的把握与控制能力，做到让学生按教师的思路进行课程。最后要加强自身的人格魅力与讲课的乐趣性，让学生时刻都乐于听教师讲述内容。

想要解决第四个问题则主要需要学校对教师进行培训，进而使得教师与时俱进，知道国家的政策。

想要解决第五个问题，则需要加强教师的课堂教学能力。在课堂中为学生讲清楚、讲明白知识是教师的基本要求，因此，想要解决这个问题并不会很困难，但一定要坚持对教师的培训，只要做到大量训练，教师便会在这方面有所提升。

综上所述，想要解决所有问题要做到教师与高校的协同配合、发挥各自应有的作用，重点提升教师的课堂思政能力。

2. 评价方法与途径

课程思政在高校的实施至关重要，因为它关乎学生的思想塑造和价值观培养。要评估其效果，我们不能仅依赖学生的简单反馈，还需要采用更为系统和全面的评价方法。

非正式的评价方法更侧重于观察学生的整体变化。思政教学的目的就是为了改变学生的思想。通过观察学生在课堂上的表现，以及他们课后的行为举止，我们可以间接评估课程思政的隐性效果。例如，学生是否更加积极向上，是否具备了良好的团队协作精神，是否展现出了对社会和他人的关心等。

正式的评价方法则更加结构化，结合了学生评教、同行评议和学生互评等多种形式。正式的评价往往需要以纸面形式完成，并且评判的参与者不能仅是学生群体，还要包括其他教师或领导。从数量和质量两个方面综合评价每堂课的思政教育效果，可以更全面地了解课程思政的实际效果。

此外，每堂课都应至少进行一次思政教育，这是硬性指标。通过确保每堂课都有思政教育的融入，我们可以逐步培养学生的价值观和道德观念。最后，我们需要对整体的思政教育效果进行总评，分析存在的问题和不足之处，以便进一步改进和完善课程思政的实施策略。

（二）数字逻辑中的课程思政教育

1. 课程基本情况

"数字逻辑"是面向计算机科学与技术专业大二学生开设的一门重要的专业基础必修课。它是硬件课程的"基石"，在计算机硬件课程中起着承上启下的作用，为后续的"计算机组成原理""微机原理""计算机系统结构"等课程的教学奠定了重要的基础。

本课程主要讲授数字表示、数字编码、布尔代数、组合逻辑设计方法、时序逻辑设计方法、可编程的逻辑器件,以及数字电路系统中应用的概念和技术。教学任务是帮助学生了解数字电路的应用和数字系统的设计方法、建立数字电路的系统认知,从而培养学生的逻辑思维能力、逻辑抽象能力、解决数字系统实际问题的能力和创新能力,使学生具备数字系统硬件分析、设计和开发的基本技能,为培养计算机系统分析、系统设计和系统集成技术人员奠定基础。

本课程以"诚信""责任""爱国""自我完善"为核心对学生进行素质培养,培养学生高尚的道德素养、过硬的职业素养、求真务实的科学素养、良好的人文素养。

2. 德融教学设计及内容

(1) 德融教学设计思路

本课程立足于专业教学内容,在进行教学与思政内容融合时要做到以学生为本,将思政内容作为引领学生学习思想的内容,使思政内容既指导学生的日常生活,也能指导学生的学习生活。同时,思政内容还应推动学生的全方面发展,影响其创新精神、职业道德与心理建设等方面。为此要做到以下内容:

①以理论性与实践性相结合的方式,全面构成教学评价机制;

②不仅要注重学校对于学生的要求,更要立足社会对学生的要求;

③注重学生高的全面发展,五育并举,其中德育是灵魂,是中枢,更要特别注重;

④方法手段多样化。

(2) 德融教学主要内容

本课程从职业道德、社会公德、集体主义、人生观和价值观、科学精神五个方面进行德融教学(表 4-1-1)。

表 4-1-1 教学内容与德融教学的实施形式

章节	知识点	思政元素	实现形式
第一章基本知识	数字信号与模拟信号;数字系统的层次结构;计算机的发展历史;数字电路分析设计方法;进制与数制转换方法、机器数、常用编码	爱国精神、民族自信心、世界观价值观、辩证思维、马克思主义方法论	视频、音乐、图片、小组活动、网络信息

（续表）

章节	知识点	思政元素	实现形式
第二章逻辑代数基础	布尔、向农；基本逻辑运算；逻辑函数相等；基本定理规则；最小项与最大项；逻辑函数化简、卡诺图	本质论、理论联系实际、严谨、逻辑推理能力、关联思维、严谨、高效、大局观、不怕困难、协作、相对论、本质观、全局观创新思维	科学家的事迹、生活实例、关联对比、逻辑推导、联想、启发教学、课堂讨论
第三章集成门电路与触发器	集成电路的分类与举例、逻辑门电路工作原理、触发器	爱国、自信、进取、民族自豪感、关联思维、创新思维、集体主义、社会公德、社会主义核心价值观、可持续发展、守法意识	小组活动、时间里、新闻浏览、师生互动、诵读名人名言、阅读书籍
第四章组合逻辑电路	组合逻辑电路分析；包含无关条件的组合逻辑电路设计；多输出函数的组合电路设计；无反变量提供的组合电路设计；现象的产生与判断	理论联系实际、思辨能力、大局观、共享精神、集体主义精神、奉献精神、国际关系、法律常识、爱国思想、唯物主义	音乐、电影片段、法律条文、社会实践、新闻报纸
第五章同步时序逻辑电路	脉冲信号与电平信号；状态图与状态表；时序电路分析；同步时序电路设计—状态表示、化简、分配；设计举例	理论联系实际、发散思维、聚合思维、创新意识、爱国思想、中国特色社会主义理论体系、历史事件	阅读书籍、查找资料、思维导图、合作探究
第六章异步时序逻辑电路	异步电路的分析、输入信号的约束、激励表—无关条件的使用；使用触发器状态改变作为脉冲信号；电平异步时序电路的竞争—流程表	抓住事物本质、集体主义精神、勤俭节约、思辨能力、善于变通、善于利用现有条件、创造精神、关联思维、严谨、务实、协作、精益求精	社会热点、逻辑推导、生活实例、课堂讨论、实验
第七章中规模通用集成电路	加法器；译码器；选择器；分配器；计数器；寄存器	善于变通、学以致用、多角度考虑问题、效益最大化、思辨能力、严谨求实、刻苦进取、不畏困难、敢于质疑、开拓创新、精益求精	逻辑推导、生活实例、课堂讨论、实验

3.德融教学方法、手段与效果

（1）德融课堂教学方法

①教学方法设计

德融课堂的教学过程分为六个步骤（图 4-1-1）。

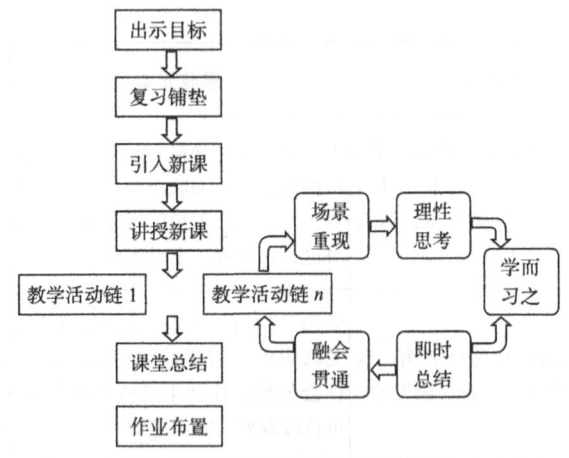

图 4-1-1 教学方法设计流程图

第一，出示目标。上课前，以板书的形式将本次课的主要内容呈现给学生。

第二，复习铺垫。通过提问学生上次课所讲的问题，复习上次课的相关知识。

第三，导入课程。通过之前的铺垫，引出本节课要进行的具体内容，从而开始新课程的教学。

第四，新课程的讲授。这是教学的主要部分，是教学的核心。其他活动都是围绕课程讲授进行的，同时课程讲授也占据课堂的绝大部分时间。因此，教师也可自行将课程讲授分为多个部分进行。

第五，课程总结。总结部分是对于整堂课的归纳，其目的在于帮助学生掌握课程的整体框架，使学生从整体的角度对课程进行理解。

第六，作业布置。结合本课内容布置课后作业。

②教学活动链设置

第一，场景重现。用典型生活实例引入问题。

第二，引导学生对学习的内容进行思考，使其理解问题的内涵。

第三，举例说明。在学生初步对知识进行掌握后，可以为其举一个典型例子帮助其进行深度理解。

第四，进行总结。总结可以帮助学生串联知识点，将一个个单独的知识点结合在一起，形成整体的知识逻辑。

第五，进行实践。在掌握课堂的理论知识后，还要让学生进行整体的实践，做到理论与实际相结合。

③教学活动链应用

例题：无反变量提供的组合逻辑设计——设计一个组合电路，用来判断献血者和受血者的血型是否相容。

【场景重现】

首先请同学们观看一段"济南市民连夜排队为孕妇捐献救命血"的新闻视频，时间为2分钟。

请同学们讨论：

第一，"说说你对这一新闻的看法？如果你遇到了这种事情会怎么做？"

第二，"只有血型相容的人才能献血，血型相容的原理是什么？"

【理性思考】

医学上检验血型采用的是化学反应，如果我们从计算机专业的角度出发，去做一个这样的组合电路，判断献血者与受血者血型是否相容，应该怎么做？

【学而习之】

根据所学习的组合电路设计知识进行解题，共使用2种编码方法，并请同学们比较这两种方法的优劣。

【即时总结】

这个例题告诉大家：

第一，换个角度，柳暗花明。从解决问题的角度来看，编码不同决定了电路不同，通过研究发现，第二种编码大大简化了电路结构，因此大家要注意尝试多种方法，精益求精。

第二，无偿献血，责无旁贷，赠人玫瑰，手留余香。乐于助人是高尚的美德，在他人需要帮助的时候，及时伸出援手，奉献自己的爱心，世界将会变得更加和谐美好。

（2）德融教学实施手段

课程中的德融教学实施手段包含以下五种具体形式。

①例题

讲授例题时，通过引入具体的生活实例和生活场景，引入要讲解的问题。通过类比，剖析问题，引导学生抓住问题实质、从多个角度考虑问题，培养他们科学严谨、勇于创新的精神，教会他们做人做事的道理，鼓励学生不畏困难、敢于质疑，找到自己的发光点。例如，在电路设计的教学过程中，教师采用两种方法进行对比，以引导学生简化电路结构并培养他们的全面思考能力。首先，详细讲解了传统的设计方法，使学生们了解电路的基本构成和功能实现。随后，介绍了新的设计方法，通过类比生活中的共享问题，使学生们认识电路设计的道德责任和可持续性。通过这种教学方法，学生们不仅能够掌握电路设计的技术知识，还能够培养出对环境和社会负责的道德品质。这种教学模式有助于提高学生的综合素质，培养出既具备技术能力又具备社会责任感的人才。

②实验

实验环节通过分组协作培养学生沟通能力和团队合作精神，鼓励学生通过创新解决问题，培养其独立思考和解决问题的能力，激发其科学精神；验收阶段注重诚实守信、实事求是的工作作风，强化科学道德和学术规范教育，帮助学生树立正确的学术观和职业观。

③时事新闻

课上、课下通过发生的时事新闻、社会热点，及时传递正能量。通过典型实例，用时事新闻教育培养学生的品格，如担当精神、责任感和爱心等。同时，我们要激发学生的创新精神和奉献精神，鼓励他们勇敢地探索未知领域。为了帮助学生更好地了解自我定位，我们可以对当地的就业政策进行解读，让他们了解当前就业市场的趋势和需求。此外，通过生动的案例，我们还可以帮助学生树立自信，激发他们的学习热情，让他们自信地面对未来的挑战。

④名人轶事

结合本专业特点，通过讲解名人事迹，或者推荐学生课下观看名人故事，让学生在增长知识的同时学习榜样。例如，通过讲解约翰·冯·诺依曼（John von Neumann）的故事，培养学生科学严谨、勇于进取的科学精神；通过讲解齐白石的故事，培养学生不畏困难、坚持不懈的进取精神；通过讲解邓稼先的故事，培养学生乐观进取、积极向上的态度和爱岗敬业、爱国爱民的情怀。如果在教学过程中能引入名人事迹，则更能激发他们积极向上、勇于拼搏的进取精神，同时也会让学生在日常生活中向名人靠拢。

⑤亲身经历

学高为师，身正为范，言传身教，教书育人。作为一名教师，首先要提高自身的道德修养，不断自我完善，传递正能量，潜移默化地影响学生，和学生共同成长。在教学中，教师可以结合自身情况，以自身为案例为学生指引方向。教师的亲身经历更能让学生体验到真实性，从而鼓舞他们切实向教师学习，并因此少走弯路。通过典型的生活实例，我们可以从正面的角度引导学生的各种思想品德行为，及时引导学生树立积极乐观的人生观和正确的价值观。

（3）德融教学效果

根据教师过往的教学经验，学生普遍感到数字逻辑这门课难学、考试难。也因为这一原因，有些学生不注意听讲，自己想干什么就干什么，甚至是迟到、旷课，这样的行为很容易影响到班级的整体状况，使得班级因"破窗效应"迅速出现较大的问题。

但同样地，德育也有可能改变整个班级的氛围，起到群体效果。如果每人进步一点点，那么群体的聚集效应很可能使得班级出现巨大的进步，从而帮助到每一位学生的学习，使得学生的素质和学习兴趣得到很大的提高。现代化的实验教学方法结合"创新能力培养"的教学思想，能够使学生更喜欢动手操作，使其在巩固知识的同时又提高了自身的创新能力。

在数字逻辑课程中进行课程思政教育很好地达到了立德树人、润物无声的教学目标。但是，课程与思政的结合是一个非常漫长的过程，无法像知识的学习那样立竿见影，因此，教师一定要耐下心来，切勿急于求成。

（三）水污染控制工程中的课程思政教育

1. "水污染控制工程"课程融入思政的意义

高校承载着为国家和民族培养人才的重任，培养出具备高尚品质、深厚知识且充满责任感的现代青年是其核心使命。为此，教育者应将思政工作融入教育体系，提升教育质量，确保学生具备专业知识和良好思想道德素质。课程思政是思政教育的关键环节，教师应在专业教学中自然融入思政教育，帮助学生建立正确的世界观、人生观和价值观，助推他们成长。这也是教师责任和智慧的体现。

"水污染控制工程"是环境工程领域中的一门核心课程，它不仅涵盖了水污染防治的基本知识，还涉及工程设计和运行管理等多个方面。这门课程注重实践性和应用性，旨在帮助学生掌握水污染控制工程的技能和方法，为解决实际水污染问题提供支持。通过学习"水污染控制工程"，学生可以了解污水处理厂的工艺流程、总体布置以及最新的污水处理技术，并能够运用多学科知识来分析水污染控制工程问题。同时，这门课程还关注学生的能力培养和价值塑造，通过实践性和研究性学习，学生可以培养自己的创新能力和实践能力，提高自己的职业素养和社会责任感。教师需要在课程实践中融入思政元素，引导学生树立正确的价值观和职业操守，激发他们的家国情怀和社会责任感。通过课程的学习，学生可以更好地了解水污染控制工程的重要性和紧迫性，为环境保护事业作出贡献，同时也可以提高自己的综合素质和能力水平，为未来的职业发展打下坚实的基础。

2. 挖掘"水污染控制工程"课程的思政元素

"课程思政"理念旨在将思政教育融入各类课程，以促进学生的全面发展。实现这一目标的关键在于深入挖掘课程中的思政元素，并巧妙地将其融入课程内容中，使专业知识和思政教育相互补充。同时，还需不断丰富和完善课程内容，以培养学生的综合素质和使学生树立正确的价值观。特别要重视社会主义核心价值观、理想信念、生态文明和职业素养等方面的教育。

（1）社会主义核心价值观教育

当前，社会主义核心价值观已成为当代中国坚定文化自信，建设文化强国的价值引领，作为教育主阵地，高校的课程思政应当承担起社会主义核心价值观的建设任务。高校学生是未来的国家栋梁，更应当注重他们的思想教育，让他们成为合格的社会主义接班人。

比如在"水污染控制工程"课程中讲解生物膜的组成时，我们不仅要让学生了解生物膜的各个组成部分，更要强调生物膜中各类生物的协同工作、互相配合。这就像社会中的各个角色，每个人都有自己的任务和职责，但只有大家团结一致、互相支持，才能实现共同的目标。通过生物膜的例子，可以让学生深刻认识到"和谐"的重要性，了解到在微生物体系中，不同生物之间可以形成和谐的关系，共同应对环境压力。而在讲解水处理理论与技术的发展时，我们可以穿插介绍我国环保领域专家的先进事迹。这些专家用自己的智慧和汗水，为我国的环保事业作出了巨大的贡献。他们的故事可以激发学生的爱国情怀和学习热情，让学生了解到学习不仅仅是为了个人，更是为了国家、为了社会。此外，在讲解污水排放标准时，我们不能忽略水处理行业的"诚信"问题。水处理行业是关乎公众健康和环境保护的重要行业，其诚信问题尤为关键。通过实例，让学生明白"以诚信为本"，争做诚信环保人，是每一个从业者的责任和义务。通过这门课程，我们不仅传授专业知识，更注重培养和塑造学生的价值观和职业操守。我们希望他们能够成为不仅具备专业技能，更具备高尚品德的环保人。

（2）理想信念教育

大学生作为国家未来的核心力量，其思想道德和科学文化素养直接关系到国家的繁荣与进步。高等院校肩负着强化大学生理想信念教育的责任，应当为学生提供精神支持，助推他们的全面发展。同时，教育应鼓励大学生承担起中华民族复兴的使命。在水污染控制工程这门课程中，教师可以穿插我国水处理行业的发展历程及科学家的杰出成就。通过这些真实案例，让学生了解到我国在水处理领域的进步和科学家的精神风貌。这种教育方式不仅能增强学生对专业的认同感，还能坚定他们的信念、提升他们的自信心。通过这种方式，大学生能更好地认识到自身的责任和使命，为中华民族的伟大复兴贡献自己的力量。同时，他们也会更加热爱祖国，为中国的繁荣和进步而不断努力。这样，大学生的思想道德和科学文化素养得到提高，同时也有利于国家的发展。

（3）生态文明教育

在经济腾飞的今天，基础的温饱已经远远无法满足人民的需求，生态文明建设已成为可持续发展的重要一环。在这方面，中国的教育体系正逐渐将生态文明理念融入日常教学中，"水污染控制工程"课程就可以体现其中的主要内容。在城市污水回用章节，实地调研让学生亲眼看到水资源的珍贵，科学用水方法的推广更让学生明白，只有珍惜每一滴水，才能保障我们的生态健康。在污泥的处理与处置章节，我们更进一步，思考如何彻底消除水污染，让学生明白保护水环境的重要性，关注并解决二次污染问题。这样的生态文明教育，无疑会让学生更加积极地学习水处理知识，明白保护水资源的重要性，积极参与水环境保护，为推动社会主义生态文明建设作出贡献。中国的未来，需要这样有责任感、有担当的青年人，为我们的生态环境贡献自己的力量。

（4）职业素养教育

在"水污染控制工程"这门课程的教学中，融入思政元素是培养学生职业道德、职业思想、职业行为习惯和职业技能的重要途径，有助于提升他们的职业素养。通过学习，环境科学与工程专业的学生不仅要掌握基本的水处理专业技能，还要树立正确的世界观、价值观和人生观，培养良好的职业素养。通过不断锤炼学生的职业素养，提升他们的综合素质，可以帮助学生更好地适应未来的工作环境和职业发展。在课程中，穿插介绍一些我国环保领域专家的事迹，让学生明白"科学没有国界，但科学家有自己的祖国"，激发他们的爱国情怀和学习热情。同时，补充介绍我国污水排放的现状和存在的"偷排"现象，让学生了解当前的环境问题，培养他们的环保意识和责任感。此外，课程中还可以融入思政元素，培养学生的诚信品质和职业操守。通过课程的学习，学生可以认识到诚信是职业发展中不可或缺的品质，是实现个人和企业长远发展的基础。同时，学生还可以了解水处理行业的"诚信"问题，培养"以诚信为本"的职业道德观念。

在"水污染控制工程"课程教学中融入思政元素，不仅有助于学生更好地掌握水处理专业技能，还可以培养他们的职业道德、职业思想、职业行为习惯和职业技能，提升其职业素养。

3. 课程思政方法与途径

（1）制定融入思政育人目标的教学大纲

当我们进行污水控制课程的设置时，应该更加关注学生技能的提升，并围绕立德树人的理念展开教学。同时，深入挖掘思政教育资源，引导学生理解社会主义建设，同时培养学生的创造能力和自我发展能力，融入辩证唯物主义和社会主义核心价值观的理念，并以马克思主义为指导思想使学生的品德与智力协调发展。通过这样的方式，我们能够实现教学目标，提升学生的综合素质和未来对社会的适应能力。

（2）采用 PBL 教学法，形成典型案例

水污染控制工程这门学科不仅涵盖了排水系统的技术知识，更重要的是，它培养了学生的可持续发展观念，引导他们以全局视角审视地球资源的利用情况。污水处理应当与我国国情实际结合，我们鼓励学生们深入思考外国的方法是否适合我国的发展现状。为了增强学生的学习热情与主动性，我们采用了以问题为导向的教学方法（PBL）。这种教学方法让学生们围绕一个具体问题展开讨论，通过解决问题的方式学习知识，提高学生的学习效果。在研讨课题的设计上，我们应当注重学生的发展性和思考价值，帮助学生全面理解水污染控制工程的相关知识，使学生的学习不仅要结合日常生活更要结合他们的思想。通过对课题的讨论，学

生们能够将所学知识与实际应用相结合，将知识与国家发展相结合，将污水处理知识用到社会主义建设当中去。同时，我们还应鼓励学生积极参与社会实践活动，如实地考察、社会调查等。这些活动让他们有机会接触实际的水污染问题，并使得知识与人民群众日常面对的问题相结合。这种实践经验不仅有助于巩固学生的理论知识，还培养了他们的社会责任感和解决问题的能力。

（3）注重环境熏陶，线上与线下相结合

现代社会使得高校教育不仅能在线下进行，同时注重网络资源对学生的教育。学生一般在进行网络课程学习时较为放松，更适合进行思政教育。因此可以采用音乐、影视片段等多种方式将网络课程与思政内容结合，培养学生的社会主义思想。

（4）改进考核方式

考试对于学生来说非常重要，即使是平常不爱学习的学生也会认真对待期末考试，因此想要让学生真正努力学习思政内容，可以改革考核尤其是考试的结构，将思政内容与考试结合，将思政内容体现到试卷上，这样学生必然会认真对待思政内容。虽然这种方法不是长久之计，但可以在思政教学刚起步时采用。

除了考试，教师也可以通过作业的布置对学生进行思政教育。比如将可持续发展与作业结合起来，让学生在完成作业时时刻思考可持续发展相关的内容。这样不仅使得学生设计出的作业更加适应我国的国情与要求，也能进一步加深学生对于可持续发展理论的理解。

（5）评估实施效果，持续改进

效果评估可分为思想评估与实践评估。

对于思想评估，我们可以深入开展各种调查，通过问卷调查的方式，获取学生们对课程思政的直观感受和反馈。还可以进行一对一交流，与学生们深入探讨他们在学习过程中的体验和困惑。同时，我们还可组织小范围的座谈会，让学生们能够更加自由地表达自己的看法和建议。

对于实施评估，我们可以对学生的知识掌握情况、三观形成、能力提升等方面进行全面评估。评估课程思政的实施不仅能够帮助学生有效获取知识，还能使他们形成正确的三观和坚定的社会主义核心价值观，学生的道德修养也得到了显著提升。

进行评估之后我们要及时将评估结果反馈给教师团队。教师们需根据学生的实际情况，有针对性地改进教学方法，并积极将其落实到实际教学中。这种持续改进的闭环机制，使得我们的教学工作更加贴近学生需求，也更加有利于学生的全面发展。

（6）课程思政与思政课程同向同行

思政课程改革可以积极征求人文社科专业教师的意见，并学习他们的教学方式，这不仅可以获得宝贵的建议，还能帮助我们改进课程设计。此外，还可以邀请人文社科专业教师来听课并提供改进建议，好让我们更好地了解课程的优缺点。同时，加强与人文社科专业教师的交流也是非常有必要的，这可以让我们学习各类课程的经验及科学方法，从而更好地推动思政课程改革的发展。

（四）高频电子线路中的课程思政教育

1. 强化学科意识和融合价值

作为学生成长道路上的重要引路人，专业课教师承载着不可替代的使命和责任。他们不仅需要深入理解所教授的专业知识，更需要传递课程背后的价值观念和人文精神。在授课过程中，他们需要充分展现出对社会的关注和对历史的责任感，从而激发学生的共鸣，使学生能够更好地理解和接纳所学知识。作为肩负历史使命和民族责任的教师，他们需要深刻认识到自身所承担的重任。在大学生形成世界观、人生观和价值观的关键时期，他们需要注重培养学生的综合素质，激发其奋斗精神，推动其从被动学习转变为主动学习。这不仅有助于学生个人的成长和发展，更有助于推动整个社会的进步和发展。因此，专业课教师需要不断地进行自我提升、自我教育，以更好地肩负起这一重任。他们需要及时更新和深化专业知识，同时也要关注学生的需求和心理变化，从而更好地引导学生走向成功的道路。

2. 结合专业特点挖掘思政元素

在教学实践中，我们应该更加注重专业课教学目标与德育目标的相互结合。不仅应教授学生专业知识和技能，还应将思政素养、人文素养和职业素养融入专业课程中。通过这种方式，我们可以提升工科类专业课程的价值观引领作用，帮助学生建立正确的世界观和人生观。比如当我们进行半导体教学时，我们不仅应介绍半导体器件的基本原理和应用，还应引导学生全面认识我国芯片技术的发展现状。通过了解我国在芯片技术领域的成就和挑战，可以培养学生的科技强国意识和专业报国意识。这将有助于激发他们的民族自信，使其承担起民族复兴的责任。同时，我们还可以通过讲解二极管的单向导电性，进一步深化这一主题。二极管的单向导电性可以用来比喻人在成功前需要经历默默奋斗的阶段。我们可以引导学生思考这个阶段的重要性，并教育他们尊重事物规律，引导他们利用事物规律追求进步和完善。这样的比喻可以帮助学生更好地理解职业发展和人生规划的道理，从而更好地实现个人价值和社会价值的统一。

3. 摒弃灌输式的教学方法

在高校的思政教育中，教学方法的选择和创新是至关重要的。传统的教学方法往往让学生感到枯燥和抽象，无法真正触动他们的内心。为了提高思政教育的实效性，我们应该大胆尝试多种创新的教学方法，如项目设计式教学、分组讨论式教学、情景模拟与角色体验等。项目设计式教学是一种以学生为中心的教学方法，它强调让学生在实际操作中学习和掌握知识。在讲解三极管具有放大作用的内因和外因条件时，教师可以引导学生认识到人生的发展过程也像三极管一样，需要正确对待内外因的关系，辩证地看待机遇。在勤奋努力修好内功的基础上，才能更好地抓住发展的机会。这种教学方法不仅让学生学会了知识，还引导他们思考了人生的成长和发展；分组讨论式教学是一种开放式的教学方法，它鼓励学生之间的互动和合作。在讲解模拟电子技术时，可以采用这种教学方法。以实际日常的电子小产品作为设计任务，让学生们分组进行讨论和合作，共同完成学习任务。通过亲身感受学以致用的无穷魅力，学生们能够更加深刻地认识到掌握该课程可以为人类造福，并因此萌发服务社会的历史责任感和使命感；情景模拟与角色体验是一种生动形象的教学方法，它通过模拟真实场景，让学生更好地理解和掌握知识。在思政教育中，这种方法可以用来模拟社会现象和问题，让学生通过角色体验来了解和解决这些问题。比如，可以让学生模拟电子设备的生产过程，让学生体验社会生产的辛劳，在劳动中体验知识。总之，创新的教学方法可以有效地提高思政教育的实效性。通过引导学生自主思考和积极参与教学过程，实现认知、态度、情感和行为的认同。只有这样，才能真正培养出具有社会责任感、历史使命感和正确的世界观以及极富创新能力的新时代人才。

（五）电化学基础上的课程思政教育

1. 课程基本情况

"电化学基础"是面向材料科学与工程学院材料化学专业（理科）本科生的一门专业主干课程，在大三上学期开设。电化学是物理化学的一个重要组成部分，它不仅与无机化学、有机化学、分析化学和化学工程等学科相关，还渗透到了环境科学、能源科学、生物学和金属工业等领域。同时，鉴于材料学院在新能源材料研究方面具有良好的基础和积累，有相关学科支撑，该校开设了此门课程，以期拓宽同学们的知识面，使其掌握电化学的基本概念和规律性的结论，了解电化学科学研究的思路和手段，为后续课程学习提供必要的基础知识。在德融课堂方面，要有意识地加强对学生思维习惯的培养和融会贯通能力的培养，从而提升大学生的科学素养。

2. 德融教学设计及内容

电化学是一门古老的科学，从1799年发明第一块伏打电堆算起已经有超过200年的历史。在这漫长的发展历程中，电化学逐渐发展出诸多研究分支，研究涵盖的内容包罗万象，按照课程内容的关系可将主要内容分为三个层次：第一层，电极体系部分，介绍电极体系的三个基本组成部分，即电解质、电极，以及电极/溶液界面；第二层，电极过程部分，概述三个基本组成部分组成的完整电极体系的极化、电极过程的五个基本步骤，并重点学习液相传质步骤和电子转移步骤；第三层，系统应用部分，探讨不同电极体系组成的电化学系统的应用，主要讲解气体电极过程、金属电极过程，并简要介绍稳态/瞬态测试方法。课程内容带有明显的分—总—分的结构特点，不同层次的内容也带有不同的特点，结合这些特点就可以很方便地开展德融教学的设计。

具体教学过程中，电极体系部分的内容主要用来加强学生的形象思维能力和细微处观察世界的意识；电极过程部分的内容逻辑性强，连续过程中有很强的因果关系，因此特别适合进行理工思维的培养；系统应用部分的总体性强，微观、宏观兼备，适度融合形象思维和理工思维的内容，可提高同学们的科学思维。具体来说可以细分为如下三个部分。

第一部分的内容为绪论。该部分起到总领大局、引入课程的作用，具有很强的思想性、趣味性，但又不缺乏学术性，可用于加强学生的形象思维。如通过介绍科技发展对社会进步的意义、电化学在实际生活中的应用、水及溶液在分子水平的存在状态与人类健康等内容，使得同学们形成尊重科学、崇尚专业精神的形象思维。在其他章节，如电极/溶液界面结构与性质部分，在讲述能量转换过程中可培养同学们的节能环保意识，在讨论双电层结构部分时可培养学生细微处看世界的意识。

第二部分的内容为电极过程。在液相传质步骤及电子转移步骤等章节讲述过程中，进一步培养从微观看世界的思维。通过成语"见微知著"的故事引入，在宣扬中国传统文化的同时也通过一些自然现象，如HCL气体不显酸性、球墨铸铁不容易锈蚀是因为内部碳素呈球状分散等生动的实例，让学生从各个角度尤其是微观的角度去思考问题。在双电层结构等章节中必须让学生意识到吸附、反应平衡等平衡过程的本质是动态平衡，为了正确地理解这些自然过程，必须在学生头脑中建立正确的随机过程、误差分布的统计学图像，使其养成从动态的观点看待平衡过程的习惯。此外，在这部分内容中自然地引入统计学中的大数定律，以及对大数定律的曲解——赌徒谬误，及时打消侥幸心理也是通过科学素养的培育来弘扬社会主义核心价值观，传递正能量。

第三部分介绍了系统应用。在本部分的讲解中应特别注意对前文的回顾，帮助学生养成总结反思自己的习惯，这样才能不断进步，这一习惯对学习、生活、工作同样重要。同时，各种电极过程及稳态、瞬态测试方法本质上是对前文基础知识的总结应用并加以提高，因此在这部分内容的讲解中需要特别注意各基础知识之间的逻辑关系，以及不同过程、不同规律之间的因果关系。正确的形象思维和理工思维都是科学思维，通过反复的逻辑推理、因果论证养成科学思维习惯的意义不言而喻，在一个知识点、一节课，甚至一个章节中融入科学思维培养的内容并不难，难的是形成具有再现性的科学思维，因此对科学思维的培养必须贯穿课程甚至跨课程的教学过程始终。

3. 教学方法及手段

为了完成自然的德融教育，在教学过程中要以学生为主体、教师为主导。学生是课堂的灵魂，在当前的条件下学生获得信息的途径越来越多、知识面越来越宽，这也对课堂的专业性提出了更高的要求。如何丰富学生视野，使课堂不陷入枯燥乏味的窘境对教师来说是一个挑战，因此需要对教学方法和手段加以设计。

在这门课中，我们以传统的讲授法为基础，辅以案例教学法和启发式教学法，积极开展理实一体化教学法的探索，并结合学科发展前沿提高课堂的趣味性。这一方法收到了不错的效果，具体示例如下。

（1）实例一：电子转移步骤动力学内容的讲解

首先，通过"H、o、Fe系元素及含氧负离子参加的电极反应，是由于电极反应缓慢造成的极化"这样一个示例来引入问题，阐述章节的必要性。

其次，回顾前面章节的"液相传质动力学"内容，通过总结对流、扩散、电迁移三种液相传质方式的特点，得出当溶液中含有大量局外电解质时，电化学反应速度与电极电位之间的指数关系无法得到合理解释的结论，进一步强调本章内容的重要性。在此过程中，特意运用启发式教学方法，引导同学们有条理、有逻辑地总结、回顾内容，不仅加深其记忆而且锻炼了同学们的分析总结能力。当然，这么好的机会是不应该忽略强调反思的重要性的。

最后，利用"电极过程概述"中讲到的"电极反应可以看出是一种特殊的异向催化反应"的相关内容自然过渡到催化反应的特点，结合物理化学课程中反应速度与反应活化能之间的关系的知识点，提出并展开讲解电极电位对反应速度的影响，明确分配系数的概念，结合图示详解推导过程。在这个过程中，特别要求思维清晰、逻辑明确、因果有序。

从这个事例我们可以看出，要辩证地看待文科思维和理工思维融入的内容安排和技巧。在问题引入部分，通常加入一些文科思维的内容，利用文科思维注重的道德和美感来感化同学们的心灵，使得科学精神、科学意识深入到同学们的骨髓里。在知识点的讲解过程中要特别注意内容的逻辑性及各部分之间的因果关系，通过对以往内容的回顾进行对比分析，提高同学们分析总结的能力，使其养成反思的好习惯。同时，注意从微观的角度、动态的角度分析问题。当然，少不了对数学的强调，数学中的逻辑性、统计学中的概率理念都是理工思维必不可少的因素，也是讲授内容层层递进、深入发展的桥梁。总之，在讲解过程中，应当灵活运用案例法、启发式教学等手段注重理工思维的培养，一以贯之，帮助同学们形成科学的思维习惯。

（2）实例二：介绍学科发展前沿

结合学科发展前沿，提高课堂内容的趣味性，增强同学们的荣誉感、使命感。

在当前科技快速进步的形势下，每一个理工科课题、方向、学科都在快速发展，都在影响着我们的生活。很多内容、现象甚至都来不及引起人们的广泛关注和总结就已被人们接受，可以说很难量化某个具体学科的发展对人类作出的贡献。而对一个本科生来说，科技论文还是高不可及的，如果选择合适的科技论文作为课堂素材将在无形中增强课堂的说服力。因此，在电化学体系部分的讲解中，我们就结合了一篇很切题的论文"三维多孔中空纤维铜电极的研究"来进行讲解。通过二氧化碳还原，系统地讲解以让同学们理解电化学系统的组成，尤其是对鲁金毛细管的讲解充分表达了科学研究的严谨性，增强了同学们的科学意识；通过对实验参数的分析，讲解实验结果，提高同学们的学科认同度和荣誉感，同时非常直观地告诉他们科学研究的意义，让同学们怀着敬畏之心参与课堂学习。这样的效果比单纯地说教要好得多。

4. 教学效果

曾经有一段时间读书无用论盛行，"混毕业"的思想也在大学生中间暗潮涌动，这种想法至今仍在影响着班风、学风的建设。此时更需要任课教师们以严谨求实的态度言传身教传递正能量，感化青春懵懂的同学们。通过"德融课堂"的实践发现，趣味性和荣誉感兼备的授课手段能够使同学们真切地感受到科学的重要性、普遍性。学生们在日常学习中能明显表现出逻辑思维，其辩证看问题的习惯也在逐步养成，诸如此类的令人欣喜的变化还体现在，同学们课堂学习兴趣的提高和对教师的信任感的提升。

第二节　高校哲学社会科学类专业课程与课程思政相融合

作为高校学科体系和课程体系的重要组成部分，哲学社会科学课程不仅具有突出的知识性和学术性，而且承担着"培育具有坚定的马克思主义信仰、正确的价值观念以及掌握系统哲学社会科学知识的社会主义事业接班人的历史使命，是人文社科类理论教育和意识形态教育的重要载体，在育人育才的同时服从并服务于'两个巩固'，在传授知识的同时引导社会主义意识形态的传播"[1]的艰巨任务。

---

[1] 盖逸馨，王姝晴. 高校哲学社会科学育人育才新格局的构建[J]. 学校党建与思想教育，2020（15）：71-75.

聚焦"以人为本"、解决人与社会的重大问题，哲学社会科学在思想引领、知识传授和价值导向等方面具有特别的作用和意义。

一、哲学社会科学课程是知识性和价值性相统一的课程

习近平总书记在哲学社会科学工作座谈会上指出："自古以来，我国知识分子就有'为天地立心，为生民立命，为往圣继绝学，为万世开太平'的志向和传统。"[①]价值性与知识性相统一是哲学社会科学的重要规律，也是哲学社会科学发展的重要遵循。只有深刻认识到哲学社会科学寓价值观引导于知识传授之中，才能充分发挥哲学社会科学课程的育人功能。

（一）古代以儒学为中心的知识体系坚持二者相统一

中华文明有着源远流长的历史，经历了多个学术繁荣时期，如春秋战国时期的诸子百家、两汉时期的儒学、魏晋南北朝时期的佛学和隋唐时期的道学等。这些时期产生了众多学派和思想大家，如儒、释、道和老子、孔子等，他们的思想文化遗产包含哲学社会科学内容、治国理政智慧，为古人认识世界、改造世界提供了重要依据。这些思想家的文化遗产不仅为中华文明提供了重要支撑，更为中华文明作出了重大贡献。他们的思想不仅影响了当时的社会发展，更影响了后世的政治、文化、艺术等方面。他们的智慧不仅被古人所传承，更被现代人所借鉴。这些文化遗产是中华文明的重要组成部分，是我们宝贵的财富。这些文化传承和发扬其中的智慧和精神，不断在为中华文明的繁荣和发展作出巨大的贡献。

中华文化源远流长，历经千年，儒学在其发展过程中逐渐成为核心。儒学所倡导的价值观，如仁爱、忠诚、礼敬等，深深地影响了国家、社会和个人，成为中华民族文化的重要组成部分。在教育过程中，儒学注重将价值观融入知识体系，使人们在获取知识的同时，也能树立正确的价值观。《汉书·艺文志》（以下简称《汉志》）是儒学的奠基之作。汉朝建立后，国家意识形态逐渐由秦朝的法家思想为主导转变为以儒家思想为主导，标志性事件是汉武帝采纳董仲舒独尊"六艺之科，孔子之术"[②]的倡议。董仲舒对"六艺"中的儒学核心价值观进行了提炼和升华，提出了仁义礼智信的"五常之道"。他通过融合阴阳五行思想，将儒学核心

---

① 习近平.在哲学社会科学工作座谈会上的讲话[J].餐饮世界，2022（06）：11.
② 班固.汉书[M].桂林：漓江出版社，2018.

价值观与现实人伦日用相结合，实现了以经学为中心的知识性与价值性相统一的初步构建。这一转变不仅使儒学成为正统思想，更推动了儒学向更为成熟和深化的方向发展。

唐初，书籍分类的方式有着深远的影响。《隋书·经籍志》将书籍分为"经、史、子、集"四部，这种分类法不仅构建了隋唐时期的"四部"之学，还对后世产生了深远的影响。《四库全书总目》采用了这种分类法，将古代的书籍按照其内容和价值进行了详细的分类和评价。这种分类方法不仅体现了中国古代知识分子的独特见解，也构建了复杂的知识体系和价值体系。《四库全书总目提要》（以下简称《提要》）更是体现了知识性和价值性的高度自觉。这部著作对每一部书籍都进行了深入的介绍和评价，强调了儒家核心价值观在知识体系中的重要地位。这种价值观一直影响到现代，对于我们的学习和思考有着重要的启示意义。上述分类法中，"史"体现儒家核心价值观与历史知识的融通；"子"反映了"经"的独霸及对多元的包容和吸纳；"集"则启示儒家核心价值观的作用显现不是靠干巴巴的枯燥说教，而是要赋予其艺术形象，从而打动人、感化人。

无论是《汉志》，还是《提要》，毋庸置疑，均具有钦定的官学性。《汉志》和《提要》作为封建统治者的意志体现，虽然对儒学经典的看法存在差异，但它们在构建中国特色哲学社会科学知识体系中仍具有借鉴意义。对于这些传统知识体系，我们应采取批判继承的态度，汲取其精华，同时结合当代社会特点，构建符合当代社会特点的哲学社会科学知识体系。特别是要继承其中精华的部分，一切有理想、有抱负的哲学社会科学工作者都应该担负起历史赋予的光荣使命。只有这样，我们才能更好地传承和发展中华文化的精髓，为推动哲学社会科学的发展贡献力量。

（二）哲学社会科学课程寓价值观引导于知识传授之中

哲学社会科学在人类文明发展中具有重要的意义和作用，是人类社会进步的思想引领力量。

在西方，古希腊和罗马的思想家如苏格拉底、柏拉图、亚里士多德和西塞罗，他们的思想被视为人类智慧的结晶，对后世产生了深远的影响。这些思想家的言论和观点，不仅成为后世哲学家思考的重要课题，还对政治、法律、教育等领域产生了深远的影响。他们的思想启示人们对于人类社会和人类本性的深刻思考，为人类文明的发展奠定了基础。文艺复兴时期，但丁、薄伽丘、达·芬奇、拉斐尔和哥白尼等艺术家，以他们的作品为载体，深刻反映了社会构建的思想认知。这些艺术家的作品不仅具有极高的艺术价值，还蕴含着深刻的人文精神，对后世文化和思想产生了深远的影响。他们的作品不仅启示人们对于美和艺术的追求，还反映了人类对于知识和真理的探索。资产阶级革命时期，霍布斯、洛克、伏尔泰、孟德斯鸠、卢梭等思想家代表了新兴资产阶级的利益和要求。他们的思想和理论为资产阶级革命提供了理论支持，为现代民主制度的发展奠定了基础。他们的思想不仅启示人们对于自由、平等和民主的追求，还为人类社会的发展提供了新的思路和方法。马克思主义则是在批判吸收众多哲学、空想社会主义和古典政治经济学思想的基础上形成的，是人类思想史上的重要里程碑。马克思主义揭示了人类社会发展的规律，提出了科学社会主义的理论，为无产阶级革命提供了理论支持。马克思主义不仅揭示了人类社会的本质和发展规律，还为人类社会的未来发展提供了科学的指导。应当说，马克思主义的形成和发展奠基于十八九世纪欧洲哲学社会科学的发展基础之上。20世纪以来，资本主义社会内部矛盾不断激化，为缓和社会矛盾，凯恩斯主义、新自由主义、新保守主义、民主社会主义、结构主义、存在主义和后现代主义等各种西方学说，纷纷开出自己独特的药方。

哲学社会科学的知识变革和思想先导体现着鲜明的价值观色彩。今天，资本主义价值观和社会主义核心价值观代表着两种不同的价值观。资本主义价值观的形成始于两次知识变革和思想先导。其中，第一次是大约在14世纪兴起的欧洲文艺复兴运动，这场运动反对宗教的束缚，主张人性的自由和解放，并以争取自由思想著称；第二次是大约在17—18世纪盛行于欧洲的启蒙运动，这场运动主张科学民主、呼吁人权与自由，并逐步发展成为资本主义核心价值观。资产阶级反对封建主义的价值诉求，动摇了欧洲封建专制统治的思想基础，成为欧美资产阶级革命的思想先导。资产阶级价值观历经了500年的演变，在不同时期的侧重点也有所不同，但其基本内容和维护资本主义经济基础和政治上层建筑的本质，一直没有发生根本改变。而且，由于遵循利益最大化的资本逻辑，资本主义价值观日益走向自身的反面，暴露出拜金主义、享乐主义和极端个人主义的价值倾向。总而言之，资本主义所倡导的价值观是建立在资本主义经济基础和政治法律制度基础之上的意识形态，是资本主义国家整合多元价值、维护政治统治、规范民众行为的重要工具。其价值观的提出是为了维护资产阶级的利益和统治，而不是为了实现真正的自由、民主和人权。实际上，资本主义国家的政治制度和法律体系存在着严重的弊端和缺陷，如贫富差距、社会不公等问题，这些问题不仅没有得到解决，反而更加严重。这些问题都集中体现出了资本主义的问题。

社会主义核心价值观与资本主义价值观在继承中超越，在批判中吸纳，在解构中建构，在竞争中长期处于并存状态的复杂关系，但在产生背景、价值理想、价值信仰、价值指向、价值原则等方面呈现出较大差异。在产生背景层面，资本主义核心价值观致力于解构封建社会的价值秩序，曾在历史上起到过进步作用，社会主义核心价值观则自其诞生起便面向资本主义核心价值观，在批判继承上追求超越；在价值理想层面，资本主义核心价值观更多强调"自我实现"，社会主义核心价值观则强调"自由个性"，是对资本主义核心价值观的升华体现。在价值信念层面，资本主义核心价值观以私有制为基础，奉行个人主义价值取向，社会主义核心价值观坚信人类终将消灭私有制，进入共产主义社会；在价值信仰层面，资本主义核心价值观尊奉资本逻辑的功利主义，社会主义核心价值观则尊奉马克思主义信仰，或曰科学社会主义信仰；在价值指向层面，资本主义核心价值观以个人主义为显著特征，社会主义核心价值观则以集体主义为显著特征；在价值原则层面，资本主义核心价值观旨在维护少数资本家的利益，社会主义核心价值观则旨在维护最广泛人民群众的利益。

正是由于资本主义核心价值观和社会主义核心价值观的巨大差异性，以及后者对前者的超越，当代中国哲学社会科学先天肩负有弘扬社会主义核心价值观的历史使命和历史任务。

（三）当代中国哲学社会科学自始至终坚持二者相统一

自鸦片战争失败后，中国社会经历了前所未有的变革。这段痛苦的历史促使一些有识之士开始向西方学习，寻求改变。他们引进西方的哲学社会科学著作，希望通过这些知识来启发中国社会、推动国家进步。这一过程并非一帆风顺，但正是这些困难和挑战，进一步激发了中国知识分子对哲学社会科学的热情。他们开始用现代科学方法研究中国社会问题，使得中国哲学社会科学得以迅速发展。这不仅为中国社会的进步提供了强大的理论支持，也为中国传统文化与西方现代科学的结合奠定了基础。十月革命一声炮响，马克思列宁主义传入中国。这一伟大的思想武器为中国共产党成立提供了理论指导。早期共产党领导人积极传播马克思主义,倡导运用马克思主义改造中国社会。他们深入工人、农民,传播革命思想,激发人民的革命热情。在马克思主义的影响下,许多进步学者也开始运用马克思主义开展哲学社会科学研究。他们通过实践与理论相结合,深入剖析中国社会的问题,提出了许多具有前瞻性的见解。马克思主义进入中国后,对中国的传统知识体系产生了深远影响。它推动了中国的知识体系从传统向近代转型。这种转型不仅改变了中国的知识结构,也影响了中国社会的价值观和生活方式。它使得中国社会更加开放、多元和包容,为中国社会的进一步发展奠定了坚实的基础。

马克思主义是一门科学,它揭示了人类社会特别是资本主义社会被社会主义所替代的必然性。马克思主义理论是建立在对人类哲学社会科学的全部文明成果的深刻批判和透彻掌握基础之上。马克思是一位伟大的思想家和哲学家,他在多个领域都有深入的研究。他不仅关注理论问题,更注重实践问题的解决。马克思主义理论要求捕捉当代问题,并为之提供哲学视角。这是因为马克思主义理论是一种开放的理论体系,它强调理论与实践相结合,以指导社会变革和发展。马克思主义更是一种价值体系,它深刻阐明了共产主义理想的历史性、条件性和主体性问题。恩格斯指出:"共产主义现在已经不再意味着凭空设想一种尽可能完善的社会理想,而是意味着深入理解无产阶级所进行的斗争的性质、条件以及由此产生的一般目的。"[①] 换句话说,马克思主义是知识性与价值性相统一的典范。

中国发展道路为人类文明史创造了奇迹,同时也为当代中国哲学社会科学提供了宝贵的实践机会与理论舞台。通过深入总结和提炼中国发展道路和发展经验,我们可以形成具有重大理论意义和实践价值的最高成就。然而,这一过程中也面临着前所未有的挑战。因此,我们需要加强对中国发展道路的理论研究与实践总结,为中国特色哲学社会科学话语体系的创新与发展提供有力支撑。在此新形势下,对高校哲学社会科学坚持知识性与价值性相统一、继续发挥培育和践行社会主义核心价值观的作用、加快构建中国特色哲学社会科学提出了更高要求。

---

① 中共中央马克思恩格斯列宁斯大林著作编译局. 马克思恩格斯文集:第 4 卷 [M]. 北京:人民出版社,2006.

二、高校哲学社会科学课程思政建设内容重点

高校在建设哲学课程时应当结合中国特色社会主义理论体系，将哲学思想与我国实际国情结合到一起。尤其是各个学校自然科学的教材并不相同，即使是同一个学校的不同专业课也很难形成整体体系，因此，更应当注重课堂教学中出现的哲学与立场问题。其中，立场问题是高校哲学社会科学课程思政建设的核心内容，价值和德性提升是高校哲学社会科学课程思政建设的基本内容，思维方式训练是高校哲学社会科学课程思政建设的高阶内容。

（一）立场问题是高校哲学社会科学课程思政建设核心内容

立场问题，是一个根本性的问题。立场说到底是一种阶级立场，它是阶级利益的反映，从根本上决定着人们的思想观点、情感体验和价值取向。立场决定人们思维与实践活动的方向，甚至决定人生、社会、国家的前途命运。哲学社会科学课程有着一定的政治性和意识形态属性，因为它涉及利益、价值等问题，必然涉及一定的立场和价值观。哲学社会科学研究，作为人类智慧的结晶，不仅关注人类社会的发展，更致力于解决社会中的利益、价值等问题。作为一门严谨的科学事业，它具有严格的政治属性，其研究成果和学术观点都应体现社会主义思想理论。虽然哲学社会科学在学科分类上可能并没有明显的政治性和意识形态属性，但它们在为特定群体或个人提供服务的过程中，必然会涉及价值判断和价值选择。这种情况下，保持价值中立只会导致一种价值观念取代另一种价值观念，无法实现真正的思想交融与进步。哲学社会科学研究都不能简单地保持价值中立，它需要为解决人类面临的重大问题提供有价值的见解和解决方案。

由此可见，哲学社会科学专业课程不可能绕开"为什么人"的问题，这也就意味着它不可能与阶级立场和意识形态属性相剥离，因此，哲学社会科学课程的意识形态属性是毋庸置疑的，也是哲学社会科学课程教师在课程教学中必须明确的。

从意识形态属性而言，高校哲学社会科学课程思政的价值依规就是学生政治认同的养成。政治认同具体是指"人们在社会政治生活中产生的一种感情和意识上的归属感。它与人们的心理活动有密切的关系。人们在一定社会中生活，总要在一定的社会联系中确定自己的身份，如把自己看作是某一政党的党员、某一阶

级的成员、某一政治过程的参与者或某一政治信念的追求者等等，并自觉地以组织及过程的要求来规范自己的政治行为"。[①] 具体来说，学生政治认同的养成涵盖了"五个认同"方面的内容，具有极其重要的理论意义。一是中国共产党是执政党，因人民而生，为人民而存，立党为公，执政为民；二是中国共产党始终代表中国先进生产力的发展要求，始终代表中国先进文化的前进方向，始终代表中国最广大人民的根本利益；三是中国共产党的领导地位是历史的选择、实践的选择、人民的选择；四是党的权力来自人民，党用权为了人民；五是历史和事实都证明，只有在中国共产党的领导下，才能实现中华民族的伟大复兴。

对中国共产党的认同，是指认同马克思主义信仰，增强对马克思主义理论尤其是对马克思主义中国化理论成果的认同，树牢"四个意识"，坚定"四个自信"，做到"两个维护"；对中国特色社会主义的认同，包括对中国特色社会主义思想的认同、对中国特色社会主义基本方略的认同、对中国特色社会主义奋斗目标的认同。增进对中国特色社会主义的认同，是当今中国的时代主题，是党和国家思想政治工作的主线。

高校哲学社会科学课程思政的核心内容是深化社会主义核心价值观教育。哲学社会科学课程承担着培养社会主义建设者和接班人的时代重任，要注重培养学生将个人发展与社会发展、国家发展紧密结合的家国情怀。哲学社会科学课程教学的重点在于阐释人类社会的现象、结构表征，以及人的思想和实践活动，阐明人类社会及其构成要素产生、发展和变化的内在规律，最终为人们认识世界、改造实践提供理论与方法依据。从根本上讲，哲学社会科学课程所涉及的教学内容，与人的思想观念系统和精神世界联系密切，是人们认识世界、改造世界的重要认识工具，能够为人们提供科学的世界观和方法论、多元的人生观和价值观，以及与社会现象、社会活动和社会运动有关的丰富观念。哲学社会科学课程内容是知识体系和价值体系的统一，其基本特性与思想政治教育高度耦合，两者价值相通、功能相近、目标一致，皆致力于塑造人们的正确价值。因此，需要发挥和落实哲学社会科学课程的育人功能与哲学社会科学教师的育人职责。

坚持在哲学社会科学课程中融入社会主义核心价值观教育。一要对哲学社会科学学科的内涵与本质有深刻分析，贯穿其中的世界观、人生观和价值观，理应

---

① 姜椿芳，梅益.中国大百科全书：政治学[M].北京：中国大百科全书出版社，1992.

服务于中国特色社会主义经济、政治发展的要求。为此，高校哲学社会科学课程必须以社会主义核心价值观为灵魂，也必须把学习、研究和宣传社会主义核心价值观作为根本任务。二要坚持马克思主义的指导地位不动摇。改革开放以来，我国哲学社会科学在发展过程中，出现了思想西化、教材内容西化、研究方法西化、学术话语体系西化、科研成果评价体系西化的"五种西化"现象。这些西化现象虽是支流和杂音，但我们仍需要高度警惕。高校是克服这些杂音的主战场，高校哲学社会科学课程需要旗帜鲜明地把马克思主义作为指导思想和理论基础，充分发挥其在社会主义核心价值观教育中的重要作用。三要充分发挥哲学社会科学的研究优势，加强对社会主义核心价值观、当代社会思潮的学理研究，支持马克思主义理论学科与其他哲学社会科学学科开展交叉研究，帮助大学生坚定马克思主义信仰。

（二）价值和德性提升是高校哲学社会科学课程思政建设基本内容

高校哲学社会科学在培养社会主义建设者和接班人的过程中发挥着至关重要的作用。它不仅塑造了学生的知性和德性，还影响了他们的理想信念、道德品质和政治观念。这些方面的培养是培养合格人才的关键，也是建设社会主义现代化国家的必要条件。因此，我们应该重视高校哲学社会科学的教育作用，为培养更多优秀的社会主义建设者和接班人贡献力量。在诸项育人功能中，提升价值和德性乃是高校哲学社会科学课程思政建设的基本内容。

一要对学生的个人素质进行提升。高校哲学社会科学课程应以马克思主义为指导，不仅局限于知识的传授，更应致力于引领大学生形成正确的价值追求。通过深入剖析人类社会科学文明，让学生们理解并传承这一文明的精神内核，进而为社会主义意识形态建设服务。这些课程对大学生精神和知识世界的建设具有重要引领作用。通过学习，学生们不仅可以树立正确的理念信念，还能培养科学精神，丰富人文精神，形成完整的知识结构。在这个过程中，学生们不仅能够掌握知识，更重要的是能够提升个人素养，拥有全面的人格发展。因此，高校哲学社会科学课程的重要性不仅在于学术价值，更在于它对于学生们的全面成长和未来发展的深远影响。这样的课程应该得到足够的重视，并作为高等教育的重要组成部分加以推进。

二要推动大学生提高道德修养。高等教育的根本任务是育人，而育人的首要任务是使学生学会做人。哲学社会科学课程不仅是知识的传递，更蕴含着深厚的道德智慧和普遍认同的道德准则。这些课程在大学生道德教育中的重要性不容忽视，它们能帮助大学生更好地理解个人在社会中的角色和价值，使得学生能对自己的行为与世界有真正的认识。通过这些课程的文化熏陶，道德教育可以逐渐渗透到大学生的心灵深处，引导学生增强自身的道德建设。因此，我们应该重视哲学社会科学课程在大学生道德教育中的作用，充分发挥它们在塑造大学生人格、培养良好道德品质方面的积极作用。

（三）思维方式训练是哲学社会科学课程思政建设的高阶内容

思维方式是看待事物的角度、方式和方法。将思维方式训练作为高校课程思政建设的高阶内容，具有两个方面的育人作用。

一是掌握社会科学课程中的哲学。学习这些内容不仅可以帮助学生提升实践技能，更可以让他们掌握理论知识、方法论，甚至是哲学方法，从而规范和指导他们的思想方法。通过深入学习哲学、文学、历史学等课程中的思辨内容与方法，大学生可以培养出更为严谨的逻辑思维和批判性眼光。而学习哲学社会科学中的认识论和方法论，则可以帮助他们建立正确的世界观和价值观，为日后的学习和工作打下坚实的基础。更为重要的是，哲学社会科学课程可以帮助大学生掌握系统的专业知识和理念。通过将这些知识和理论应用于实践，大学生可以不断提升自己的综合素质和实践能力。高校哲学社会科学课程发挥思政功能的关键在于引导大学生遵循规律，从"道"的层面理解人生和社会。这不仅需要学生掌握基本的社会科学知识，更需要他们具备独立思考、分析问题的能力。通过这种学习，大学生可以从"法"的层面科学进行研究和学习，学会用科学的方法去探究问题、解决问题。同时，从"技"的层面有效开展工作和实践也是哲学社会科学课程的重要任务之一，这样可以帮助学生掌握发展与改造社会的方法。大学生学习哲学社会科学课程是非常必要的。

作为国家的未来和民族的希望，大学生应当具备科学的思想方法，而要掌握这种科学的思想方法，首先，需要对马克思主义进行深入的学习和理解。马克思主义作为揭示人类社会发展规律的宝库，为我们提供了宝贵的思想武器，能够帮助我们认识世界、追求真理、改造世界。在大学期间，通过学习马克思主义哲学，我们可以更加深入地理解世界的本质和规律，掌握科学的思维方式和方法。只有坚持马克思主义的立场、观点、方法，我们才能更加准确地认识和改造世界，为推动人类社会的发展贡献自己的力量。其次，大学生还需要坚持实事求是的思想路线。只有从实际出发、把握规律，我们才能制定出更为精确的政策和措施；只有坚持实事求是，我们才能避免纸上谈兵、脱离实际，真正做到理论与实践相结合。再次，大学生还需要提升科学思维能力。通过运用科学的思维方式和方法，我们可以更加有效地分析问题、解决问题。科学的思维方法可以帮助我们透过现象看本质、把握事物的规律和内在联系，从而更好地应对各种挑战和问题。最后，大学生还需要重视调查研究。只有通过深入实际、了解真实情况、获取第一手资料，我们才能为制定政策提供重要保障。调查研究是制定政策的基石，只有做好调查研究，我们才能制定出更为科学、合理的政策，为推动国家的发展贡献自己的力量。调查研究是谋事之基、成事之道，更是实事求是的关键环节。其根本要诀在于要养成"不唯书、不唯上、只唯实"的工作方法，坚持在实践中检验工作。

二是塑造大学生的可持续自我发展能力。学习哲学社会科学的课程，如伦理学、心理学等，不仅对于大学生的自我管理和认知管理有着重要的提升作用，而且对于其未来的职业和生活也有着深远的影响。通过学习这些课程，大学生可以更深入地了解人性和社会，掌握自我管理的方法和技巧，提高自己的自律性和自我控制能力。同时，这些学科涵盖了广泛的知识和深刻的思想，可以帮助大学生更好地理解人类行为的本质和社会发展的规律，从而更好地适应社会和事业的需求。除此之外，学习哲学社会科学的课程还可以增强大学生的沟通能力和组织管理能力。例如，通过学习伦理学，大学生可以更好地理解道德规范和行为准则，从而在日常生活中更好地遵守社会道德规范，避免行为失范。而心理学的学习可以帮助大学生更好地了解自己和他人的心理状态和行为动机，从而更好地与他人沟通和合作。更为重要的是，通过学习这些课程，大学生可以养成努力学习、相互学习、终身学习的习惯。在创造生活世界的过程中，这些习惯对于个人的成长和发展至关重要。例如，通过学习伦理学，大学生可以认识到道德规范和行为准则的重要性，从而在日常生活中更加注重自己的行为规范并尊重他人。而心理学的学习可以帮助大学生更好地了解自己的心理状态和行为动机，从而更好地掌控自己的情绪和行为。大学生学习哲学社会科学的课程对于个人的成长和发展以及未来的职业和生活都有着重要的意义。因此，大学生应该重视这些课程的学习，认真听讲，积极思考，不断提高自己的综合素质和能力。

（四）不同专业类别课程思政内容重点各有侧重

无论对于什么专业的学生，都必须要掌握最基础的哲学知识，这是我们认识世界的方法，这为"课程思政"实施提供了充分的可能，也为哲学社会科学课程与思想政治理论之间的协同共进提供了基本的前提。高校哲学社会科学课程要深入挖掘课程思政元素，并通过将其有机融入课程教学，达到润物无声的育人效果。依据《高等学校课程思政建设指导纲要》，高校哲学社会科学四个类别的专业课程发挥思政育人功能应各有侧重。

1. 文学、历史学、哲学类专业课程

在教学工作中，我们应该注重教导学生掌握马克思主义世界观和方法论，结合专业知识的教育，引导他们深刻理解社会主义核心价值观。同时，我们还要弘扬优秀传统文化、革命文化及社会主义先进文化，以适应社会发展的需要。通过这样的教育方式，我们能够帮助学生更好地理解社会主义核心价值观，提高他们的思想觉悟和道德水平，进而使他们为未来的社会发展作出更大的贡献。例如，上海师范大学中国语言文学专业重视优秀传统文化的传承和价值引导，引导学生自觉弘扬和践行社会主义核心价值观，不断增强"四个自信"。课程设计紧密对接中文学科的优势研究领域，形成了三个特色鲜明的课程群。一是"文史经典与中国智慧"课程群。它以文史典籍、中国古代文学史、先秦学术概论、古代汉语等课程为主，重在中华典籍与优秀传统文化的研究、阐释、传承，引领学生树立文化自信；二是"中外文化比较"课程群。它以中外文化比较与思辨、外国文学史等课程为主，重在中华文明与世界文明的对话和交流，在国际化视野下增强学生对中华文明独特精神的理解、认同和自信；三是"新文化与中国梦"课程群。它以中国现当代文学、文学概论课程为主，重在以唯物史观和马克思主义文艺理论阐明文学发展的规律、特点，引导学生正确认识当代文艺潮流和文化现象，并积极构建面向未来的、具有民族特色的新文化。

以上海师范大学赵维国教授"先秦学术概论"为例，该课程是为古典文献专业学生开设的专业必修课程，旨在探究中国文化精神形成的本源，研讨中国的核心价值观念与传统伦理道德观念的文化渊源。课程重点讲述中国学术思想形成期的先秦诸子学术，讲述中国文化发展的源头。春秋战国时期，礼崩乐坏，儒墨名法道各家学派蜂起，取长补短，兼容并蓄，形成了百家争鸣的繁荣局面，奠定了中国文化精神的基本内核，为中国文化发展打下了基础。该课程能够使学生全面了解先秦时期的学术面貌、熟悉先秦诸子的思想内容，向先哲汲取智慧，进而在马克思主义唯物史观的指导下更好地传承和发扬中华优秀传统文化。

课程教学目标与要求：先秦学术是中国文化的渊源，诸子之学是先秦学术思想的具体体现。本课程教学目标主要体现在三个方面。第一，阅读先秦诸子元典，分析诸家经典文本，传承弘扬中国文化精神；第二，系统讲授先秦学术思想的形成，尤其是儒、墨、道、法、兵诸家思想，探究其与中国当下的核心价值观念的内在关系；第三，讲授先秦诸家思想的"社会观""自然观"，探究中国文化中"人与自然""人与社会"的关系，弘扬家国人文情怀。总之，在讲授先秦诸子文化过程中，梳理"道""礼""仁""智""信"等道德观念，可总结出中国道德理念与人类文明的道德追求是一致的，中国文化精神体现了世界文明追求的基本内涵。在继承中国文化精神的基础上，传承中国元典文化中的人文精神，能够培养青年学子的家国情怀，弘扬其爱国理念，提升青年学生传统文化修养。

2. 经济学、管理学、法学类专业课程

在马克思主义的指导下，我们致力于构建具有中国特色的教学体系，以帮助学生深入理解国家战略、法律法规和政策。通过引导学生参与社会实践，我们培养他们具备为人民服务、诚实守信、德法兼修的职业素养。这样的教育体系旨在培养出更多具备社会责任感、法治意识和道德品质的优秀人才，为国家的繁荣发展作出贡献。例如，华东政法大学的法学课程，通过挖掘中国法治智慧、总结中国法治经验、讲好中国法治故事，创建属于中国的法治话语体系，以此武装青年学生的头脑、培养青年学生的信念；又以兼容并包之心态，走出高校象牙塔，促进高校与社会之间的合作共赢，引优秀实践资源入高校课堂，鼓励法学学生在参与中深入理解法律实践，开阔法学学生的视野、锻炼法学学生的思维。以华东政法大学彭激副教授"国际经济法"为例。随着国际经济关系的深入，调整国际经济关系的法律规范——国际经济法的研究和教学也随之发展，作为其精神内核的思政内涵也在不同时期与时俱进、不断发生着变化。"国际经济法"课程的建设实现了由传统价值观到现代价值观的转变，并且在课程思政建设中能够体现和贯彻多元的价值观念。

总之，在课程思政建设中，经济学、管理学、法学类专业课程的价值观教育一定要与时俱进，根据时代特征赋予新的内涵。

3. 教育学类专业课程

我们应该高度重视师德师风的教育，通过课堂教育、典型示范和规则约束等多种方式，引导学生树立正确的行为规范和爱国守法的意识。同时，我们还应着重培养他们的学术能力和卓越的解惑能力，让他们具备扎实的专业知识和解决问题的能力。此外，我们还应培养他们对于家国之爱、教育之爱和学生之爱的深刻理解，让他们成为有情怀、有责任、有担当的好老师。教育专业的学生应争做"四有"好老师，坚持不懈地培养社会主义接班人，为培养更多优秀的人才贡献自己的力量。如体育类课程要树立健康第一的教育理念，注重爱国主义教育和传统文化教育，培养学生顽强拼搏、奋斗有我的信念，激发学生提升全民族身体素质的责任感。以复旦大学花妙林教授"段位长拳"体育教育课程为例。该课程以蕴含中国武术文化思想的"武德"为基本教育理念，再借鉴"段位武术与当下课程思政建设融合共进"的课程建设项目，实施标准化、规范化的段位武术课程思政教学模式。

该课程在教学中引入"武德故事"，以增进学生对传统武术文化的了解，培养学生民族自信与文化自信；通过技能学习及练习，磨炼学生的意志品质；通过段位评测体系的介绍与实施，使学生了解我国武术运动体系的形成过程，培养学生对社会主义制度的自信心；通过身体活动，即武术技术教学及练习，培养学生体育参与能力；通过武德故事讲解与武术习练过程相结合，使学生深入体会并自行总结中国武术文化的内涵，增强学生对中国传统文化的自信心；通过介绍我国武术以及各项目运动员在世界大赛中所取得的骄人成绩，激发学生的爱国热情，培养学生家国情怀。通过以上教学要求，发挥体育之"育"，达到以体育人，体育与思政相融合的目的。

在推进武德教育与课程思政融合共进的方面，该课程主要体现了以下几方面的思政元素：忠，忠党爱国；勇，坚韧自信；德，核心价值；体，强身健体。通过以上课程的武德教育，使大学生形成终身"讲礼节""树正能"的行为准则，实现课程思政"立德树人"教育目标。基于此，其教学环节设计是以借鉴"段位长拳"这一民族传统体育课程的传统文化的熏陶,梳理出适合当下课程武德教育的思政元素并贯穿于全过程,实现与课程融合共进建设目标。设计特色有:一是师生创编武德小故事,突出"礼、仁、义、智、信、勤、勇、忠"的武术思想,实现立德树人目标;二是课程实施武术"抱拳礼",课前、课中、课后、师生间、学生间互敬"抱拳礼",感悟中华武术精髓之文化自信、行为自律;三是段位武术标准化,突出单练、对打、拆招技术的中华传统国粹。

4. 艺术学类专业课程

要在课程教学中教育引导学生立足时代、扎根人民、深入生活,使其树立正确的艺术观和创作观。要坚持以美育人、以美化人,积极弘扬中华美育精神,引导学生自觉传承和弘扬中华优秀传统文化,全面提高学生的审美和人文素养,增强其文化自信。例如,上海音乐学院民乐系推出了以"全课程、全过程、全覆盖"的指导理念为基础的一系列课程思政教学改革措施,建设了"四维课程思政群"特色教学体系。从专业、学院、教育系统、社会四个维度,由点及面地建立特色思政课程,形成"课程思政群",以集群效应弘扬社会主义核心价值观,形成可持续发展的课程思政教学模式。专业:从现有专业课程中挖掘思政元素,建设一批具有思想性的民族音乐特色专业课程;学校:建设一批以民族音乐为主要内容,具有价值引领、内涵丰富的选修课,在学校产生一定影响;教育系统:建设一批以民族音乐为主要内容,以立德树人为内核的网络课程,在教育系统内形成影响;社会:建设一批以民族音乐为主要内容,以弘扬中华优秀传统文化为目标的专题讲座,在社会上形成广泛影响。

以上海音乐学院刘灏副教授开设的"中国传统音乐的当代应用与创作实践研究——从AI作曲技术出发"为例。该课程从中国传统音乐在当代的应用模式出发,深入挖掘了我国传统音乐的文化内涵,通过引导学生分析影视音乐、流行音乐等各类传统音乐的当代应用实例,使学生对我国的传统音乐有一个系统的认知,使其深入理解传统音乐的文化内涵对于当代文艺产业发展的核心意义与重要性,提升学生思想素养和文化自信,并使学生以新时代的视角对传统音乐进行研究,结合当下最前沿的AI作曲技术及其推广应用,切实做到把握时代脉搏、聆听时代声音,同时也对传统音乐的传承与发展起到促进作用,让学生树立正确的人生观、价值观、价值观和艺术观。

课程采取教学与实践相结合的方式，通过分析音视频、谱例等传统音乐在当代文化产业中应用的实例，探究传统音乐元素与影视音乐、流行音乐等多元化当代文化载体的融合模式，兼以普及民族音乐基础知识、应用音乐技术理论、影视音乐作曲等相关学科知识。一方面，对传统音乐知识概念进行普及，介绍中国传统音乐（包括传统乐器、少数民族音乐、戏曲音乐等）的流变；另一方面，结合影视音乐方面的相关创作实践与相关课程的教学经验，对当代电影音乐中的传统音乐元素应用手法进行梳理，融合红色音乐元素、民族元素与现代音乐元素等，引导学生独立分析与创作具有传统音乐元素的当代应用型音乐，在提升学生艺术素养的同时，增强其文化自信。

该课程的教学主体拥有丰富的创作经验、创作能力，在上海文化发展项目、国家艺术创作项目及各类国际作曲节中创作有非常丰富的作品，在课程教学过程中保证了课程的实践创作与顺利进行。课程聚焦于中国古典文化艺术与艺术作品的相互融合交互，研究创作从浩瀚的民族文化中汲取营养，将中国古典文化、民族文化的设计元素理解、吸收，运用现代化的表现手段、材料技术、创作思维创作出了符合当代人审美情感的作品。在研究创作的同时，运用现代化的设备进行了设计。该课程教学的特点就在于将传统文化元素与现代化技术交相融合。

三、高校哲学社会科学课程话语体系创新是思政重要载体

构建中国特色哲学社会科学话语体系在推动中国哲学社会科学走向世界、影响世界、改变世界的过程中具有重要的作用。马克思主义哲学认为，创新是发挥人的主观能动性与尊重客观规律性的具体统一。加强话语体系建设，尤其需要在创新上花力气、下功夫。在课程思政建设中，话语体系创新为课程思政提供了重要载体，尤其是在高校哲学社会科学课程思政建设方面承担了重要任务。

（一）高校哲学社会科学话语体系创新的必要性

1. 推进中国特色社会主义伟大事业的需要

只有社会主义才能救中国，只有中国特色社会主义才能发展中国，这是中华民族和中国人民的共识。同时，中国特色社会主义的发展不可能一帆风顺、毫无障碍和风险，在前行之路上必然会出现各种矛盾和困难。这就需要高校哲学社会

科学在阐释中国特色社会主义发展的历史必然性、研究各种矛盾和问题形成原因和解决路径的理论实践中，形成独具特色的话语体系，充分发挥其解疑释惑、凝聚人心、凝聚力量的作用和影响力。当前，中国特色社会主义进入新时代，中华民族迎来了由站起来、富起来到强起来的伟大飞跃，高校哲学社会科学需要就"新时代坚持和发展什么样的中国特色社会主义、怎样坚持和发展中国特色社会主义，建设什么样的社会主义现代化强国、怎样建设社会主义现代化强国，建设什么样的长期执政的马克思主义政党，怎样建设长期执政的马克思主义政党等重大时代课题"作出科学回答，以发展 21 世纪马克思主义、当代中国马克思主义。

2. 加强马克思主义意识形态建设的需要

马克思主义作为中国共产党的指导思想，深刻影响了中国人民的理想信念，是我们党团结带领人民取得胜利的重要法宝。高校哲学社会科学话语体系的创新对于巩固马克思主义在意识形态领域的地位至关重要，是宣传思想工作的核心任务。只有不断创新哲学社会科学话语体系，才能更好地宣传马克思主义、巩固马克思主义在意识形态领域的指导地位，进而推动中国特色社会主义事业不断向前发展。我国高校哲学社会科学亟须通过话语创新，探索出一条巩固马克思主义意识形态主导地位的道路。

3. 提高我国国际话语权和影响力的需要

哲学社会科学话语体系是文化软实力的重要组成部分，是主流意识形态建设的重要内容，是巩固社会主义核心价值观的重要抓手，是团结全国人民、凝心聚力的重要工程。我们将眼光放到全世界，可以发现，无论是在各个学术领域还是价值领域甚至是审美领域，西方国家依然占据着主流地位。因此，我们应加强国际传播能力建设，形成国际传播话语体系，提升国际传播的创造力、感召力，讲好中国故事。推动高校哲学社会科学建设，亟须通过学术话语体系创新，提升学术话语的国际传播能力和影响力。我们要创新中国特色哲学社会科学的话语体系，以更好地彰显中国文化的魅力，揭示中国道路的历史必然性和现实合理性。在这个过程中，我们需要正确处理民族性和世界性的关系，传播中国声音，提升国际影响力，为世界学术交流作出贡献。只有这样，我们才能更好地展示中国哲学的智慧和魅力，为推动人类文明的发展作出更大的贡献。

4. 推进高校哲学社会科学健康发展的需要

改革开放以来，我国高校哲学社会科学的发展驶入了快车道，呈现出了繁荣发展的态势，极大提升了我国的文化软实力，增强了我国哲学社会科学在国际上的学术影响力。然而，该过程中出现的问题也不容忽视。较长一段时期内，中国由于学术落后，为了提升自己的水平不得不大量引入西方的思想研究成果，这无疑为我国各行业的进步起到了至关重要的作用。但是由于引入量过大，又无法对其全部内容进行仔细的甄别，一部分不适合我国的思想也涌入我国。当前，我国哲学社会科学的发展，不仅要在学科体系、学术观点上有所创新和突破，还要提炼解析能够融通中外的新概念、新范畴、新表述，用中国话语阐释中国学术。绝对不能简单套用西方话语体系以解析中国特色社会主义的伟大实践，要形成具有中国特色的哲学社会科学话语体系。

（二）高校哲学社会科学话语体系创新的基本原则

1. 坚持马克思主义的指导不改变

中国哲学社会科学话语体系的理论特质就是坚持马克思主义的指导。当代中国哲学社会科学的形成，是以马克思主义进入我国为起点的，其在逐步发展的过程中也一直坚持以马克思主义为指导。

中国哲学社会科学话语体系是符合中国近代发展需要的，它以马克思主义为核心，与西方和传统话语体系不同。这一话语体系的建立有助于推动中国的现代化进程，促进经济、政治和文化的发展。同时，它也强调了话语体系的重要性和创新性，为构建具有中国特色的话语体系提供了有益的启示。

2. 坚持为中国道路进行学理证明

坚持将哲学思想与中国特色相结合，积极推动创新，发展出中国特色社会主义的新声音。中国这片土地为哲学的发展提供了宝贵的经验。学理证明是高校推动中国哲学道路的重要力量，也是推动中国哲学社会科学话语体系发展的关键。人类社会与人类文明创新的需要、时代发展和实践变革的需要、党所领导的伟大事业的需要表明，当今时代是一个需要理论指导且能够产生新理论、新思想的时代。

我国在进入新发展阶段后，面临着许多深层次的矛盾和与世界思想文化的交融考验。在这个关键时期，党的治理进入了一个重要的阶段。现阶段，国际交流日益频繁，各国之间的思想碰撞更加明显，我国在这样的国际环境下面临着诸多的问题。比如：第一，供给数量不足。马克思主义在一些学科中"失语"、教材中"失踪"、论坛上"失声"。第二，供给能力不足。在运用马克思主义立场、观点和方法上，在建设以马克思主义为指导的学科体系、学术体系和话语体系上，在研究和考据马克思主义文本上，功力不足。第三，供给质量不高。当代中国哲学社会科学的发展总体呈现出有数量缺质量、有专家缺大师的特点。第四，供给错位。要么不加分析地将国外学术思想和学术方法当作准绳，要么采取教条主义和实用主义态度，用马克思恩格斯语录生硬"裁剪"鲜活的实践。第五，供给错误。要么认为马克思主义理论已经过时，要么认为马克思主义没有学理性，要么认为中国现在搞的不是马克思主义。总之，马克思主义中国化已经取得重大成果，但还远未结束。当代中国哲学社会科学的重要任务之一，就是继续推进马克思主义中国化、继续发展21世纪马克思主义和当代中国马克思主义。

3. 坚持拥有主体性、原创性的话语体系

我们要坚持哲学的原创性，赋予哲学社会科学以新的思想内涵、时代内涵和文明内涵，让世界知道"哲学社会科学中的中国"。当代中国哲学社会科学建设还需提升话语体系的主体性、原创性。

主体性和原创性反映了当代中国哲学社会科学建设内容与形式创新的要求。唯有呈现出鲜明的主体性和原创性，当代中国哲学社会科学才能提升中国话语在国际上的软实力和影响力，才能为中国道路阐释作出令人信服的学理支撑，才能增强中国道路的世界吸引力和感染力。这就需要在学科体系、学术体系、话语体系诸方面充分体现中国特色、中国风格、中国气派。学科体系建设是中国哲学社会科学建设的重要方面之一。目前，我国哲学社会科学学科体系已经基本建成，但学科体系不够健全、部分学科设置与社会发展不够紧密的问题还比较突出。为此，要遵循哲学社会科学学科发展规律，依照结构合理、拓展领域和补齐短板原则，打造具有中国特色和普遍意义的学科体系。学术体系是当代中国哲学社会科学建设的重要基础。学术体系的建设要求古为今用、洋为中用，注重科学、专业化的学术命题、学术范畴、学术观点和学术思想的提炼，努力形成中国独特的知识体系和理论体系。话语体系是当代中国哲学社会科学建设的重要内容。建设话语体系要求理论界要善于提炼能够体现中国立场、中国智慧和中国价值的标识性概念和范畴，以改变我国哲学思想在国际上的根本地位。

4. 坚持全人类共同价值话语取向

这是中国哲学社会科学话语体系得以立足、实现与西方哲学社会科学对话的重要支撑。强调中国话语体系要有"中国特色、中国风格、中国气派"，并非脱离世界文明的进展和其他国家哲学社会科学的新发展"闭门造车"、一味闷头构建中国自己的哲学社会科学话语体系，而是要洞察全世界的哲学发展与进步，要做全人类共同价值的倡导者，要以宽广胸怀理解不同文明对价值内涵的认识，要尊重不同国家和民族对价值实现道路的探索，坚守和弘扬全人类的共同价值。

唯有坚持全人类的共同价值，中国哲学社会科学话语体系才能显现学术的生命力和公信力，并进而体现征服力、感染力和战斗力。这恰恰是"西方中心论"的话语体系相形狭隘的关键之处。坚持全人类共同价值话语取向要在吸收、升华的基础上，符合当代中国和当今世界的发展要求。

5. 坚持挖掘中华优秀传统文化话语资源

西方哲学社会科学话语体系的人文精神源于西方社会的演变进化过程，而中国哲学社会科学话语体系则需与中国民族文化性格相符、体现中国精神。这是因为中华民族拥有独特且深厚的文化传统，这一传统在漫长的历史长河中不断丰富和发展，形成了具有鲜明特色的文化性格。这种独特的文化传统为高校哲学社会科学话语体系的创新提供了宝贵的资源。一方面，在构建中国特色哲学社会科学话语体系的过程中，必须植根于这一深厚的文化土壤，充分挖掘和利用这些资源，才能更好地体现中国精神，为中华民族的伟大复兴提供有力的理论支撑；另一方面，中国传统文化的主要功能还是为封建专制服务，带有封建性，需要加以批判继承，在去粗取精、去伪存真之后，再坚持古为今用。此即为实现"中华文明创造性转化、创新性发展"[①]。

我国哲学社会科学话语体系创新，就是要批判性地继承中华传统文化、坚持挖掘中华优秀传统文化话语资源，将"讲仁爱、重民本、守诚信、崇正义、尚和合、求大同"的传统价值理念，同当今时代特征和我国基本国情相结合。建立以中华优秀传统文化为基础的哲学社会科学话语体系，不仅有助于弘扬中国传统文化，还能够推动哲学社会科学的创新与发展。为此，我们应该深入挖掘文物、历史遗

---

① 江彦桥，胡银平. 奉献中国 [M]. 上海：上海教育出版社，2021.

迹和古籍资源，让中国传统文化成为哲学社会科学研究与创新的核心动力。通过展现中国文化的独特魅力，我们可以推动中华文化现代化进程，让更多人了解和喜爱博大精深的中华文化。

四、高校哲学社会科学课程思政建设方法路径

高校哲学社会科学课程思政建设要注重经典著作学习，以问题为导向，以中国故事讲述中国实践，将正确价值观与立场融入课堂讲授讨论之中。同时，要注重批判吸收西方学术思想，坚持马克思主义在哲学社会科学领域的指导地位，加快构建中国特色哲学社会科学学科体系、学术体系、话语体系。

（一）要有鲜明的问题导向

研究和回答重大理论和现实问题，必须坚持鲜明的问题导向。当代中国哲学社会科学必须围绕党和国家事业发展大局，聚焦党和国家决策需求，把研究重点落实到重大理论和实践问题上来，推出更多对政策制定具有参考价值的高质量研究成果。在我国发展仍处于并将长期处于重要战略机遇期，以及进入全面建设社会主义现代化国家新征程之际，哲学社会科学课程思政应当继承和弘扬中华优秀传统文化，聚焦坚持和完善中国特色社会主义、推进国家治理体系和治理能力现代化，防范经济危机和金融风险，建立和完善现代化经济体系，改善民生和提高公共服务水平，保护生态环境，加强和改善党的全面领导，构建人类命运共同体和建设新型大国关系，提升国家软实力和话语权。要对这些重大理论和实践问题，进行深入研究和全面解答。从哲学社会科学最终产出要求看，我们必须适应我国社会主要矛盾的变化，为全社会和广大人民群众提供更加丰富、更高质量的精神产品。

（二）要重视经典著作学习

在"速读时代"，我们更要倡导大学生阅读经典、阅读名著。课程思政建设本身应富有书香气息，为大学生营造爱读书、读经典的良好读书氛围。哲学社会科学的魅力很大程度来自品读经典著作中蕴含的原汁原味精神养分。经典著作都是特定时代的产物，是研究和回答彼时社会突出问题和矛盾的产物。

第一是要读马克思主义经典文本。当下，不少哲学社会科学工作者仍错误

认为，阅读马克思主义著作是特定学科的事，自己不做马克思主义研究和教学就没有必要阅读和学习。产生这一现象的根本原因在于他们对马克思主义要么一知半解，要么理解只浮于表面。要感悟并掌握马克思主义的真谛，就不能再采取浅尝辄止、蜻蜓点水的态度，而要在"真学"上沉下心来下苦功夫、坐"冷板凳"，持之以恒读原著、学原文、悟原理，从中汲取科学智慧和理论力量。

马克思主义经典文本历久弥新。需要注意的是，当前社会上对马克思主义经典文本还存在错误的认知，有人认为马克思主义已不适应世界翻天覆地的变化，过时了，有人认为产生于遥远欧洲的马克思主义，与中国自身独特的历史文化传统格格不入，对中国不管用。然而，实践证明，马克思主义才是社会发展的根本道路，只有坚持马克思主义才能让我国建设得更好。"真学"的目的在于"真信"，坚持"真信"马克思主义，首先需要解决宗旨立场问题。世界上没有纯而又纯的哲学社会科学，坚持马克思主义为指导思想，哲学社会科学工作者就要"真学""真信"马克思主义，坚决抵制马克思主义"过时论""说教论"等错误观点，对错误思潮和观点也要敢于发声予以驳斥。

第二是要阅读马克思主义的最新著作。在我国，这些著作多为当今中国特色社会主义理论体系的著作，中国特色社会主义理论体系是马克思主义在中国的本土发展，是当今学生学习马克思主义的重要途径。如今，习近平新时代中国特色社会主义思想作为党的权威论述为我国的进一步发展提供了指导。其中，非常值得我们学习的著作是《习近平谈治国理政》，它记录了习近平同志团结全党以及全国人民，对中国进行进一步地社会主义建设。其思想内容结合了新时期中国的基本国情，体现出了习近平同志的伟大思想与实践脉络，若认真研读此著作，必将收获良多。

习近平总书记围绕改革发展、内政外交国防、治党治国治军，发表的系列重要讲话，涵盖了"五位一体"总体布局和"四个全面"战略布局，是新时代中国特色社会主义思想在各领域的具体展开。要认真研读习近平系列工作文集。依据习近平总书记从政实践经历编辑而成的《知之深 爱之切》《摆脱贫困》《之江新语》等系列工作文集，生动记录了习近平总书记的从政实践和心路历程。研读这些工作文集，对于领悟习近平新时代中国特色社会主义思想的萌芽和形成、发展过程，更好地理解习近平新时代中国特色社会主义思想的理论渊源具有重大意义。要认真研读习近平总书记在庆祝建党 100 周年大会上的重要讲话和《中共中央关于党的百年奋斗重大成就和历史经验的决议》，它们是马克思主义发展史上两篇纲领性文献，集中反映了习近平总书记对建党初心和使命，建党百年重大成就、历史意义和历史经验的深刻思考。

（三）要批判吸收西方学术思想

中国哲学社会科学起步较晚，一些学科大量借鉴、吸收了西方哲学社会科学理论成果，一定程度上忽视了中华悠久灿烂的文化，忽视汲取中华优秀文化精髓。此种情况在哲学社会科学课堂上或有出现。需要强调的是，在课堂上介绍和借鉴国外学术思想，稍不注意就会对学生产生负面影响。因此，哲学社会科学课程思政要批判、吸收西方学术思想，以增强"四个自信"为教学目标，兼收并蓄，避免和克服一切刻舟求剑、照猫画虎、生搬硬套、依样画葫芦的机械做法。正如毛泽东所指出的："我们的态度是批判地接受我们自己的历史遗产和外国的思想。我们既反对盲目接受任何思想也反对盲目抵制任何思想。我们中国人必须用我们自己的头脑进行思考，并决定什么东西能在我们自己的土壤里生长起来。"[1] 以上内容的关键在于，要将外来内容与本身国情相结合，不能一味地接受，要做到其内容的"本土化"。

（四）要用中国故事讲述中国实践

今天的中国，改革开放波澜壮阔，实践成就令人瞩目，哲学社会科学工作者理应在课堂上用中国故事讲述好中国实践。第一，用讲道理的方式讲述中国故事。讲事实能说服人，讲故事能感染人，讲道理才能影响人。在讲故事的同时，要讲好中国故事的内在逻辑。这就要求哲学社会科学工作者一定要用讲道理的方式讲述中国故事和中国实践。第二，要用学术的方式讲述中国故事。就是要从学理上总结好中国改革开放的成功实践经验，把实践经验上升到理论高度。这就要求哲学社会科学工作提升学术研究的能力和水平，提出能够体现中国立场、中国智慧和中国价值的学术理念、主张和方案，从容应对各方面的思想和理论挑战。从根本上讲，用学术讲好中国故事，既是挖掘中国改革开放和社会主义现代化建设实

---

[1] 中共中央马克思恩格斯列宁斯大林著作编译局.马克思恩格斯文集：第 3 卷 [M]. 北京：人民出版社，2006.

践"富矿"的需要，亦是应对全球性挑战和两制博弈的需要，更是繁荣中国学术的需要。在吸收人类一切有用成果的基础上扎根中国大地、直面中国问题，用学术讲好中国故事，是繁荣中国学术的不二选择。

（五）要加强机制建设以适应实践探索

哲学社会科学课程思政实践探索已有数年，涌现出了一大批试点课程，也取得了上级领导部门的高度肯定和媒体的广泛报道，但总体上仍处于探索阶段。各校基本制订有推进课程思政建设的工作方案，推出有数量不等的试点课程，但在课程设计、考核、标准建设、教师培训、协同等教学建设核心环节上却语焉不详，通常用"宽基础""高素质""复合型人才"等宏观、抽象的词语来概括，缺乏可操作性。在课程设计上，需要找准思想政治理论教育资源与哲学社会科学教学内容的结合点，继而对教学大纲进行修订，将思想政治理论教育内容清晰呈现于固化到教学大纲上，否则课堂教学就会产生较大的随意性。在教学考核上，哲学社会科学课程本身已有固定的考核方式，引入思想政治理论教育资源后如何考查学生的学习效果，尤其是学生价值提升方面的考核如何来体现还是一片空白，亟待找到专业知识和思想政治理论教育内容考核的最佳结合点。在课程标准建设上，目前开展试点的课程思政课程，大多是泛泛而谈开展思想政治理论教育的要求，缺乏明确的课程建设标准和具体指标。某一门专业课程情况如此，更遑论某一类专业课程的建设标准和具体指标了。在教师培训上，由于尚处实践探索环节，经验积累较少，还极为缺乏对试点专业课程教师的专门培训。正如成桂英所言，思政教师若缺乏对哲学社会科学的深入了解，就如同收藏家误将珍贵的文物当作寻常物品，对其真正的价值视而不见。只有当我们准确把握课程中的思政元素，才能够确保思政内容有效地传递。这不仅需要我们对思政教育有深入的理解，还要求我们能够精准地解读课程中的思政元素，从而将它们融入教学中。如何对哲学社会科学课程教师开展思想政治理论教育培训，构建一支热爱教学、品行高尚、用心传道的课程思政教师队伍尚待有机制上的保障。

第五章 高校课程思政的深化推进

加强高校思想政治教育工作，必须从高等教育的"育人"本质要求出发，把"立德树人"作为教育的根本任务，抓住课程改革核心环节，充分发挥课堂教学在育人中主渠道作用，着力将思想政治教育贯穿于学校教育教学的全过程，着力将教书育人落实于课堂教学的主渠道之中，深入发掘各类课程的思想政治理论教育资源，发挥所有课程育人功能，落实所有教师育人职责。

本章主要讲述高校课程思政的深化推进，从五个方面展开分析，分别是强化组织领导，科学把握工作原则，明确并坚持课程思政目标，打造"三位一体"课程体系，不断优化教学措施，不断推进教师队伍建设。

第一节 强化组织领导，科学把握工作原则

一、不断强化对课程思政工作的组织领导

要切实抓好此项工作，形成全党、全社会协同联动的氛围，就必须有统筹规划、科学设计和有序推进。这其中，体制和机制的问题是带有根本性、全局性、稳定性和长期性的问题。为此，要不断加强对课程思政工作的组织领导，把课程思政工作的目标任务和具体要求落实到各领域各部门、落实到基层单位，努力构建党委统一领导、党政齐抓共管、宣传部门组织协调、有关部门分工负责的工作体制和工作格局，最终形成推动课程思政的整体优势。

（一）加强学校党委统一领导，抓好统筹规划

深入推进课程思政工作，战线在高校，战场在课堂，教师是战斗员，指挥部则在高校党委。高校党委必须站在坚守意识形态阵地和保障党的事业薪火相传的

战略高度，把课程思政工作作为一项重要的政治任务和战略工程，靠前指挥、抓好关键、强化责任，建设一批学生真心喜爱、终身受益的优秀课程，引导广大师生树牢"四个意识"、坚定"四个自信"、坚决做到"两个维护"，从而培养和造就担当民族复兴大任的时代新人。首先，要深刻认识高校党委抓好课程思政工作的极端重要性。高校党委履行学校管党、治党主体责任，最终目的是要教书育人、立德树人。其次，要强化高校党委抓课程思政工作的主体责任。学校在推进课程思政工作时，应当将其纳入整体发展计划，党委也应将其列入议程，确保与其他工作一同进行规划、布置、实施和考核。为了实现全员、全过程、全方位育人的目标，学校高层需要进行整体规划，前瞻性地布局和协调实施。为了落实党委的主体责任，应成立由校党委书记领导的课程思政工作领导小组，确保各部处和院系的职责明确，有制度、有落实、有成效。在实施过程中，要注重课程思政教育的实效性，通过不断探索和实践，构建有效的课程思政教育体系。最后，要注重培养学生的社会责任感和正确的价值观，将思想政治教育贯穿于整个教育过程中，形成全员育人的良好氛围。只有这样，才能更好地培养出德才兼备的高素质人才，为社会的繁荣发展作出贡献。

具体来说，学校党委主担政治责任，监督各部门实施情况，党委书记作为第一责任人，要对课程思政工作的重大事项进行政治指导，对课程思政工作重点任务亲自部署、重大问题亲自过问、重要事项亲自协调；强化其他校领导的分管责任，结合自己的分管领域，落实教育教学、科研立项、社会实践、经费保障等方面的政策和措施；各相关部门应全力以赴，提供必要的保障，以确保课程思政工作的顺利进行。各学院（系）需积极响应，给予大力的支持，发挥校院两级和全体教师的积极性、主动性和创造性，形成良好的机制和氛围。通过共同合作、协同发展等多种合作方式，来构建一体化的响应、协同和联动机制。这样的机制将确保课程思政工作的高效实施，并促进全校范围内的交流与合作。

（二）成立咨询委员会，做好科学设计

虽然从提出到实施，课程思政的推进工作已有几年时间，但这项工作仍处在探索阶段，从设计、实施到反馈都需要经过不断的尝试和改进，才能达到更好的教学效果。为此，为了推动高校课程思政工作的有效实施，建立一个专门的课程思政工作咨询委员会是必要的。该委员会的成员应涵盖各个专业的教师，以确保其具备广泛的代表性,并需明确成员各自的职责,进行具体的规划和设计。在设立前期,委员会需要对课程思政工作进行充分的论证,确保其实施具备可行性和可持续性。在实施过程中,委员会应持续推进课程思政工作,不断完善和优化本校的课程思政改革建设方案,总结提炼有效模式,推动思想政治教育与综合素养教育、专业知识教育的有机结合。同时,高校应该分步骤、分阶段有序推进课程思政工作,发挥各类课程的育人功能,完善课程思政工作机制。通过这些措施,我们可以确保高校课程思政工作能够取得更好的成效,进而培养出更多具备综合素质和优秀品德的人才。

(三)设立教改推进办公室,强化项目实施

学校应设立专门的课程思政教改推进办公室,该办公室负责全面推进和落实课程思政的各项任务。它主要负责统筹全校的教改实施方案,指导、督查和评估各部处和院系的工作。这种系统性的工程需要专门的办公室来协调各部门的合作,确保工作的质量和效果。通过这种机制,学校可以培养出更多优秀的人才,为未来的发展奠定坚实的基础。对于高校内部量大、面广的各类专业课来说,可以采用试点先行的方式,从教学目标、教学内容、教学方法、教学资源分配、教学组织和教学评估等方面出发,建设全方位的课程体系。

二、科学把握课程思政的工作原则

思想政治教育要想取得较好的实效,就必须分析规律、把握规律、尊重规律。作为全面提升思想政治工作质量的一项重要举措,课程思政也需要把对规律的尊重、对原则的坚持放在重要的位置。因此,在课程思政的推进过程中,应该结合实际情况,科学把握工作原则,切实提升工作开展的质量和水平。

(一)坚持顶层设计和试点培育相结合

课程思政工作的推进,一方面既要加强学校顶层设计,统筹谋划课程思政教学改革任务和路径措施;另一方面又要发挥改革试点的示范带动作用,分步骤、分阶段地有序推进工作,充分发挥校院两级和全体教师的积极性、主动性、创造性,形成建设课程思政的良好机制和氛围。课程思政理念的提出与践行,有助于强化每位教师的育德意识和育人责任,能够充分挖掘所有课程的思想政治教育资

源和育人功能，有效弥补思想政治理论课教师单兵突进、传统思想政治工作队伍单线作战的不足，进而初步实现从专人思政到全员育人的转变。

（二）坚持知识传授与价值引领相结合

在知识传授的同时，应当深入挖掘各类课程的思想政治理论教育资源，发挥所有教师在知识传授中的价值引领功能。推进教育综合改革，深入理解课程思政的深刻内涵和创新途径，使所有课程都具备价值塑造、能力培养、知识传授三位一体的课程思政教学目标。既要凸显思想政治理论课程显性的思想政治教育功能，又要强化综合素养课、专业课隐性的思政教育作用。深入挖掘各门课程蕴含的思想政治教育资源，强调所有任课教师在课堂教育的责任。高校教育应注重道德引领和思想政治教育，确保所有课程都共同承担培养品德高尚、知识扎实、责任感强人才的立德树人任务。通过各种教学方式和手段，将社会主义核心价值观融入教学全过程，帮助学生们树立正确的世界观、人生观和价值观，培养他们的社会责任感和公民意识。

（三）坚持改革创新与遵循规律相结合

课程思政必须结合教育目标、教育环境以及教育实况，与时俱进地推进其自身的改革，这是高校思想政治教育长期发展的客观规律。在推动课程思政改革创新的过程中，要坚持政治性和学理性相统一、坚持价值性和知识性相统一、坚持建设性和批判性相统一、坚持理论性和实践性相统一、坚持统一性和多样性相统一、坚持主导性和主体性相统一、坚持灌输性和启发性相统一、坚持显性教育和隐性教育相统一。既要解放思想、勇于改革、大胆创新、先行先试，又要遵循思想政治工作规律、遵循教书育人规律、遵循学生成长规律，搞好统筹谋划，做好精心设计，不断积累经验，确保课程思想政治教育教学改革沿着正确的方向健康推进，不断取得扎实成效。

深化高校思想政治理论课教学改革，应确定教材、教学和教师三个关键因素，创新课堂教学内容和形式，充分发挥网络的作用。通过将教学过程与社会实践有机融合，密切关注大学生成长问题，卓有成效地提高课堂吸引力。从提升思想政治教育的实效性的角度上来看，课程思政的稳步持续推进是突破高校思想政治工作育人瓶颈的一种极其重要的方式。

（四）坚持教师引领与学生参与相结合

在课程思政教学改革过程中，教师要以德立学、以德施教，加强政治引领和思想教育。实施教师德育意识和育德能力提升计划，需要将该计划纳入教师培训体系中，对教师进行全面的思政培养，不仅要求教师要有充足的思政知识，还需要教师拥有足够的思政表达能力，还要对教师的思政综合能力进行评估。另外，还要梳理优秀典型，加大宣传力度，积极回应社会关注。在思政教育过程中，教师要注重学生的参与感，不能一味地灌输理论，否则学生只能记住一些名词，根本无法理解思政内容。

第二节 明确并坚持课程思政目标

课程思政的教育理念也是一种体现连续性、系统性的课程观，它不拘泥于各科专业知识的学习，而是通过将思想政治教育的目标融汇于各科的教学当中，使得各门课程都能参与到学校育人的过程当中，进而形成一个完整的课程育人体系。课程思政的育人目标最终是要培养德智体美劳全面发展的社会主义接班人，努力为党和国家培养更多担当民族复兴大任的时代新人，以课程思政的全面质量提升带动"三全育人"工作，以育人质量的全面提升带动高校"双一流"建设。具体来说，课程思政工作主要需要从以下六个方面下功夫。

一、要在引导学生坚定理想信念上下功夫

对当代大学生来说，要树立共产主义远大理想和中国特色社会主义共同理想。各门课程教育教学的任务之一，就是要积极引导学生树立共产主义远大理想、坚定中国特色社会主义共同理想。其中，思想政治理论课的教育教学内容设计要重在阐释共产主义远大理想和中国特色社会主义共同理想的丰富内涵、实现路径与发展要求，结合国际共产主义发展史和中国共产党党史、中华人民共和国国史，在学理上引导学生深刻认识树立远大理想、坚定理想信念的必要性与重要性，增强其树立远大理想信念的自觉性；综合素养课的教育教学内容设计要注重从历史、文化、社会、生态等不同视角比较分析社会主义制度和共产主义理想的优越性与先进性，让学生在人文关怀与生活感悟中体会理想信念的特殊作用，增强学

生树立远大理想信念的自信心；专业教育课的教育教学内容设计要结合学科、专业和课程的特色，从专业的沿革、现状与前沿的讲解中，激发学生的责任感、使命感与荣誉感，引导学生不断提升专业素养，抓住国家快速发展的战略机遇期，积极寻找实现个人价值与才华抱负的成长舞台和发展机遇，提升学生树立远大理想信念的可行性。思想政治理论课、综合素养课、专业教育课同向发力，协同育人，不断增强学生的中国特色社会主义道路自信、理论自信、制度自信、文化自信，使其勇担民族复兴的时代重任。

二、要在引导学生厚植爱国主义情怀上下功夫

爱国，是一个公民最基础的素养，也是每位学生应当具备的重要情怀。各门课程教育教学的任务之一，就是要积极引导学生理解爱国主义的内涵、增强爱国主义的情怀，让爱国主义精神在学生心中牢牢扎根。其中，思想政治理论课的教育教学内容设计要重在阐释爱国主义的要义，使学生了解爱国主义的历史意义与当代价值，正确处理好爱国、爱家、爱党与爱人民之间的关系，特别是要科学辨析历史虚无主义等错误思潮；要借助案例分析与典故教学等形式，教育引导学生热爱和拥护中国共产党，听党话、跟党走，立志扎根人民、奉献国家；综合素养课的教育教学内容设计要从不同课程的学科背景出发，为爱国主义提供更多的理论支撑，让爱国主义在学生的心中既能顶天又可立地；特别是要注重结合学生学习生活中出现的各种不合理现象进行分析批判，可从社会学、心理学、政治学等不同视角进行辨析，让学生形成更为清晰的认识和更为科学的认知；专业教育课的教育教学内容设计要以学科专业为依托，通过国际学科专业与产业的发展比较，增强学生们投身专业研究、致力产业发展的危机感、紧迫感，鼓励学生投身于为国奉献的实践行动中。比如，结合中美贸易摩擦问题，软件专业的课程教学就可以从芯片技术的发展、我国芯片产业的瓶颈、中美贸易战中的危机与挑战出发，激发学生们的爱国热情，号召学生们齐心协力加大技术创新研发，和全国人民一起推动芯片技术产业大踏步向前发展。

三、要在引导学生加强品德修养上下功夫

立德树人是中国教育的根本使命，培养品德修养高尚的人才是高校教育教学

的中心任务。各门课程教育教学的任务之一，就是要积极引导学生理解加强品德修养的必要性，踏踏实实修好品德，成为有大爱、大德、大情怀的人。其中，思想政治理论课的教育教学内容设计要重在阐释品德修养的内涵，使学生理解加强品德修养的重要意义，把真善美作为终身的品德追求；要结合不同时代的要求，教育学生把握当代品德修养的核心内容，特别是把社会主义核心价值观作为当前学生品德修养最重要的任务目标，围绕国家、社会、个人三个层面进行解读和分析，并引导学生积极培育、大力践行；综合素养课的教育教学内容设计要从国家道德、社会公德、职业道德、个人道德等视角对社会主义核心价值观进行细化细分，寻找社会主义核心价值观的历史溯源，分析其在伦理、法治、文化等不同领域的表现形态，引导学生科学辨识"社会主义核心价值观"与"西方价值观"的异同，对社会主义核心价值体系形成更为全面的了解；专业课的教育教学内容设计要不拘一格、不搞一刀切，要围绕专业特性，挖掘专业课与社会主义核心价值观的结合点，在培养方案中对"德、能"等方面作出明确的规定，形成有效的指导方案。比如"大学英语"的教学，可在精读短文中，主动选取分别讲述"勇气、诚信、善良、公平、法治、文明、爱国、敬业"等主题的素材，让学生在掌握专业知识的同时，深刻领会社会主义核心价值观的要旨，不断提升自身修养。

四、要在引导学生增长知识见识上下功夫

21世纪的竞争是人才的竞争，人才竞争力的核心之一就是见识与才智。其中，思想政治理论课的教育教学内容设计要以让学生形成"四个正确认识"为主要任务，重在教育引导学生正确认识世界和中国发展大势、正确认识中国特色和国际比较、正确认识时代责任和历史使命、正确认识远大抱负和脚踏实地，将中国情怀和时代特征与世界眼光统一起来，客观看待当代中国和外部世界的关系，让学生知晓个人知识见识的增长对国家和社会的重要作用，增强其提升知识见识的自觉性与自主性。综合素养课的教育教学内容设计要以拓展学生见识为主要任务，整合全校教学资源，开设尽可能多、可供自由选择的不同门类综合素养课程，大力拓展学生知识面，主动加强不同学科间的协同与交叉，让理工科学生增加人文社科知识、让人文社科学生接触理工知识，力争实现文理交融、医工交叉；增加实践教学环节，拓宽学生视野，让学生在实践中提升运用知识的能力。专业教育

课的教育教学内容设计要以增长学生知识为主要任务，发挥教学名师的育人效应，鼓励更多的大师走进一线课堂，让学生接触掌握最前沿的专业知识；要充分调动教师的教学积极性，培训提升教师的课堂教学水平与效果，进而激发学生的求知欲，教育学生扎实掌握专业知识，让学生学一门会一门、干一行爱一行，努力做到让勤奋学习成为青春飞扬的动力，让增长本领成为青春搏击的能力。

五、要在引导学生培养奋斗精神上下功夫

"幸福，是靠奋斗出来的"[①]，新时代中国特色社会主义的建设最需要的精神之一就是奋斗精神和创新精神。高校各门课程教育教学的任务之一，就是要教育引导学生培育敢于担当、不懈奋斗的精神，塑造勇于奋斗的精神状态，保持乐观向上的人生态度。其中，思想政治理论课的教育教学内容设计要重在阐释"奋斗精神"的内涵，通过抗日战争、解放战争、新民主主义革命和建设、改革开放 40 年中国特色社会主义建设的历程梳理，借助"两万五千里长征""八年抗战""南泥湾精神""铁人王进喜精神""深圳特区建设""浦东大开发"等系列案例的教学，让学生深刻理解奋斗精神的实质；要重在阐释新时代中国特色社会主义建设的历史任务与实现中华民族伟大复兴的使命担当，分析凝练奋斗精神的时代属性，与理想信念教育有机结起来，激发学生勇担时代责任。综合素养课的教育教学内容设计要更为注重奋斗情怀教育，可以设立"奋斗精神"专题进行讲解，也可把奋斗精神教育培养与乐观主义、爱国主义等专项教育结合起来，加大对古今中外历史名人的案例教学，让学生在提升综合素养的过程中不断增强勇于奋斗的动力。专业教育课的教育教学内容设计要把专业知识传授与自强不息精神培养结合起来，重在引导学生不怕苦、不怕难，使其勇于挑战并攻克科技难题、社科难题，立志成为科研研究的生力军与后备军；要大力挖掘科学大师、理论专家不懈奋斗的成长故事（如材料科学专家徐祖耀院士 90 岁的高龄还坚持每天到办公室看文献、材料科学专家潘健生院士 80 岁的高龄还坚持到工厂一线解决技术难题），用榜样人物的成长经历激励学生成长，引导学生努力做到刚健有为、自强不息。

---

① 魏金明. 新时期高校辅导员工作探索 [M]. 北京：光明日报出版社，2021.

六、要在引导学生增强综合素养上下功夫

培养德智体美劳全面发展的人才，教育引导学生培养综合能力、培养创新思维，是中国教育的重大使命，也是高校各门课程教育教学的根本任务。其中，思想政治理论课的教育教学内容设计要重在培养"德"，教育引导学生正确认识国家公德与个人私德的异同，科学处理个人利益与集体利益、国家利益之间的关系，把党和国家的需要、人民的需要作为最崇高的德，树立远大理想信念和正确的"三观"，增强"四个意识"。综合素养课的教育教学内容设计要重在培养"体美劳"，通过体育、竞赛等课程内容设计，教育引导学生树立健康第一的理念，使其增强体质、健全人格、锤炼意识；通过音乐、美术、文化、品鉴等课程内容设计，坚持以美育人、以文化人，提高学生审美和人文素养；通过社会实践、志愿服务、生产实习等课程内容设计，向学生弘扬劳动精神，教育引导学生崇尚劳动、尊重劳动。专业教育课的教育教学内容设计要重在增长"智"，一方面是要抓好课堂知识传授，把基础知识与前沿知识结合起来，让学生习得一身知识、练就一身本领，"知其然，并知其所以然"；另一方面是抓好知识的应用能力，把知识传授与解决问题、书本知识与实践问题结合起来，让学生成为理论知识高、动手能力强、综合素养好的高端人才。

第三节 打造"三位一体"课程体系

为贯彻落实习近平总书记提出的"办好中国特色社会主义大学，要坚持立德树人，把培育和践行社会主义核心价值观融入教书育人全过程"[1]的根本要求，着眼"又红又专、德才兼备、全面发展"的培养目标，我们需要坚持以社会主义核心价值观为核心内容，构建全方位、全过程、全员育人的高校大学生思想政治教育体系。课程思政工作是当前教育事业的一项重大战略部署，需要将这一理念全方位地融入高校思想政治工作中，为高校开展思政工作提供新的思路、构建新的路线图。打造思想政治理论课、综合素养课程、专业课"三位一体"的思想政治理论教育课程体系，突破传统思想政治理论课的单向度育人理念，建构起思想政

---

[1] 习近平.牢牢把握高校意识形态工作领导权[J].紫光阁，2015（02）：8.

治理论课、专业课和综合素养课协同的立体化育人模式，使得显性教育和隐性教育相辅相成，将价值引领蕴含在知识传授和能力培养中，注重在价值传播中凝聚知识底蕴、在能力培养中体现价值内涵，在一定程度上改善高校思政"孤岛化"、思想政治理论课与专业课"两张皮"的问题，进而创造性地将人文与科技相结合、将思想政治理论课与专业课相结合，提高高校思想政治理论课的实效性。因此，推进课程思政教育教学改革，要从战略高度构建以思想政治理论课为核心、综合素养课程为支撑、专业课为辐射的"三位一体"的思想政治教育课程体系，牢牢抓住课堂育人主渠道主阵地，将高校党委意识形态责任制落实到一线课堂，将教师思政工作从宏观抽象要求转化成具体微观的解决方案，找到实现高校三全育人的关键枢纽和有效抓手。

一、办好思想政治理论课，发挥思想政治教育核心课程作用

在高校思想政治教育课程体系中，思想政治理论课是核心、是根本、是基石。思想政治理论课质量提升是核心环节，要注重发挥思想政治理论课在大学生社会主义核心价值观教育中的引领作用，着力增强高校思想政治理论课的实效性。深入贯彻党的十九大、二十大精神和全国高校思想政治工作会议精神，认真学习习近平新时代中国特色社会主义思想，以立德树人为中心环节，聚焦思想政治理论课教学重点、难点问题，推动教材体系向教学体系转化，共建共享思想政治理论课优质教学资源，加强思想政治理论课教师队伍建设，不断提升思想政治理论课教学的亲和力和针对性，切实增强大学生在思想政治理论课上的获得感。

用习近平新时代中国特色社会主义思想武装头脑，全面开展集体备课会，将学习习近平新时代中国特色社会主义思想作为授课内容的重中之重，实现在所有课程、全体教师、教育教学全过程的全覆盖，进而使青年学生坚定理想信念、坚定"四个自信"。扎实推进领导干部上思想政治理论课的进程，加强高校党建和思想政治工作，有利于青年学生从"顶层设计"的高度了解国情、党情、社情、民情。进一步推动领导干部上讲台，使之制度化、常态化，这对于加强和改进高校党建和思想政治工作、做好大学生思想政治教育、汇聚广大师生同心共筑中国梦的强大力量具有重要意义。加强马克思主义学院建设，为课程思政提供宝贵的资源库，进一步加强学科建设、师资队伍建设、课程建设、教育教学改革，发挥

马克思主义理论学科优势,整合力量、联合攻关。打造一系列示范课程,推出一批公开教学观摩课,有利于青年学生全面正确地理解党的路线、方针、政策,有利于青年学生坚定信仰、增强社会责任感。

二、发挥综合素养课特色,将时代性与民族性有机结合

通识教育旨在在现代多元化的社会中,为受教育者提供通行于不同人群之间的知识和价值观。通识教育重在"育"而非"教",因为通识教育没有专业的硬性划分,它提供的选择是多样化的。而学生们通过多样化的选择,得到了自由发挥的成长空间。可以说,通识教育是一种人文教育,其性质超越了功利性与实用性。通识教育是现代教育理念中国化的实践过程。无论是国外与通识教育相关的博雅教育、全人教育、自由教育、能力拓展训练等教育方式,还是中国贯彻多年的素质教育和"德、智、体、美、劳"全面发展教育,以及爱国主义、集体主义、社会主义教育,还有培养一专多能、德才兼备的人才教育,或者弘扬传统文化教育等等,都能涵盖在通识教育的范畴之中。这种包容性体现了中国的通识教育既有中国特色,又能对接改革开放、面向世界。通识教育的理念有助于整合多样性的现代教育理念和模式,赋予通识教育以中国传统文化内涵,既体现时代性,又保持民族性,把现代科学技术与中国传统的文化典籍结合起来,把现代信息文明与中华优秀文化历史统一起来,对提升育人质量也有很大的帮助。

三、强化专业课育人导向,使之与思想政治理论课同向同行

专业课是高校根据培养目标所开设的讲授专业知识和培养专门技能的课程,能够让学生掌握必要的专业基本理论、专业知识和专业技能,培养其分析、解决本专业范围内一般实际问题的能力。相比于思想政治理论课,目前专业课教学对知识传授更为偏重,育德意识和育德能力则相对较弱。要想实现课程思政改革的整体目标,就要充分挖掘专业课的育人功能,深度发挥课堂主渠道的育人作用,在知识传授中强调主流价值引领,提炼专业课中蕴含的文化基因和价值范式以及德育元素,在专业技能知识学习中融入理想信念层面的精神指引。

为此,一方面要积极探究专业课的思政育人内涵和科学的体制机制。专业课的思政育人内涵主要是指在讲授专业课理论知识的基础上,充分结合专业课自身

特色和优势，提炼其蕴含的文化底蕴和价值范式，通过具体、生动、有效的课堂教学载体，将专业知识传授与价值引领结合起来，实现在知识传授中提升价值引领，在价值引领中牢固知识技能，从而达到培养学生运用马克思主义基本原理分析具体社会问题的能力，教育学生如何做人、如何做事、如何成才的目的。另一方面要不断探求专业课践行课程思政理念的一般规律，总结在专业课中融入思想政治教育元素的方式方法，不断健全三位一体的课程思政教育体系。专业课践行课程思政理念的关键是实现专业课教学与思想政治教育目标的精准对接，既不生搬硬套强加思想政治教育内容，又能将其润物无声地融入专业教学的全过程。其中，找准专业课中的思想政治教育元素和资源尤为重要。以思想政治教育元素和资源为切入点，围绕课堂教学这一主线，从课程设置、课程参与主体（教师、学生）两方面入手，逐步实现专业课的思政育人功能，最终实现思想政治课、综合素养课与专业课的同向同行、协同育人。概括而言，专业课践行课程思政的机制可以概括为点（专业课中的思想政治教育元素和资源）、线（课堂教学主线）、面（"三位一体"思想政治教育课程体系）的有机结合和统一。

（一）点——挖掘专业课德育因素点

在专业课教学中践行课程思政的理念，需要在全面关注学生的发展需求基础上，选准思想政治教育在专业课教学中的最佳结合点，使两者有机融合，并以此为抓手推动专业知识学习与价值培育实践的有效结合。要在思想政治教育原则的指引之下对专业课进行深度开发，充分挖掘和激发其中的思想政治教育内涵，科学、有序地推动专业课思政教育。因此，在专业课教学中践行课程思政的理念，关键和核心在于找准思想政治教育的元素和资源，以无缝对接和有机互融的方式建立专业知识与思想政治教育目标的内在契合关系。

深入思考每一门专业课，都可以凝练出其在情感培育、态度选择、价值观引领等方面的教育要求，而这些要求也就是思想政治教育与专业课结合的因素点。相对而言，哲学社会科学类的专业课应更多地凸显其在强化社会主义意识形态教育方面的作用，自然科学类的专业课则应更注重对学生科学思维、职业素养的养成教育。具体来说，要根据专业课的教育要求，结合课程自身特点，分别从爱国情怀、社会责任、科学精神、人文精神、品德修养等角度找准思想政治教育的因素点，设置课程思想政治教育目标，有机融入社会主义核心价值观、中国优秀传统文化教育以及理想信念教育、爱国主义教育、道德品质教育，特别是对中国特色社会主义的"道路自信、理论自信、制度自信、文化自信"的教育内容。

（二）线——抓好课堂教学主线

围绕课堂教学这一主线，需要从课程设置、课程参与主体（教师、学生）两方面入手，不断探索课程思政的有效路径和载体。

在课程设置上，首先要明确课程总体思想政治教育目标，在思想政治教育目标引领下，结合专业课特点，深入挖掘专业课的思想政治教育内涵和要素，做好专业课的育人教学设计，从而优化课程设置。课程内容的设置要在立足专业知识的基础上，推动中华优秀传统文化融入教育教学过程，明确课程建设标准，并将思想政治教育路径固化于教学大纲中。其次要结合课程内容创新教学方式方法，探索课堂教学、社会实践、网络运用等多维课程组织形式，在授课过程中结合学生特点进行科学引导。

就教师而言，要针对性地提升专业课教师的育德意识和育德能力。一方面要转变专业教师的传统育人观念，提升专业课教师对课程思政的认知，消除其思想误区。在调研中，我们发现，目前仍有一些专业课教师对于课程思政的认识还是停留在思政课程层面，因此，要帮助教师明确思想政治教育与专业课之间的关系，认识到思想政治教育不仅不会影响专业课原本的专业知识教学，相反还会提升教学的思想性、人文性，深化教学的内涵。另一方面，教师自身的思想政治教育水平及文化素养也是在专业课教学中践行课程思政的理念能否有效开展的重要因素。专业课中思想政治教育要素的融入，对于教师的思想政治素养和知识积淀提出了更高的要求。如何找准专业课的思想政治教育资源与元素，实现育人目标与专业知识的精准对接，保证在讲授专业课知识的同时有效融入思想政治教育，需要专业课教师不断提升自身的思想政治素养。另外，实现思想政治教育与专业课的有机对接，需要教师能够基于思想政治教育核心原则和内化要求，主动结合专业课的设计与教学活动的实施，深度开发教材，挖掘其中思想政治教育内涵，从而在专业课中自然而然地融入内容，避免生搬硬套。

对学生而言，要促使学生在专业学习和社会实践中不断接受思想政治教育的内容，从而提高自身思想政治素养。课程思政的落脚点要放在学生思想政治素养的发展上，引导学生形成正确的世界观、人生观、价值观。为此，对于学生发展的评价要和对课程思政工作质量的评价结合在一起。但思想政治素养的提升是一个循序渐进的过程，因此评价应该更注重过程而不应是只关注结果。可以探索建立学生思想政治素养发展档案，在课程教学过程中记录学生思想政治素养的变化，课程结束时由教师和学生个人对学生的思想政治教育目标实现情况进行双向评价。

（三）面——构建三位一体的思想政治教育课程体系

在坚持以立德树人为根本任务的前提下，通过深入挖掘专业课中的思想政治教育资源与元素，立足学科优势，实现思想政治教育目标与专业课知识点的精准对接。一方面，要围绕课堂教学这一主线，从课程设置、课程参与主体（教师、学生）两方面入手，不断探究课程思政的有效路径和载体，最终构建起专业课与思想政治理论课、综合素养课协同的"三位一体"的高校思想政治教育课程体系。另一方面，要根据课程思政基本要素的内在联系，把目标、主体、内容、路径等要素融合为一个有机体，协同推进思想政治理论课的显性价值引领和专业课、综合素养课程的隐性价值渗透的有机融合，保证思想政治理论课的核心地位，同时充分发挥其他课程的育人作用，在实现教育目标的过程中真正做到融会贯通。

第四节 不断优化教学措施

科学推进课程思政工作，要紧紧围绕课程思政所要求的价值塑造、能力培养、知识传授三位一体的教学目标，进行系统梳理和创新思考，深入挖掘各门课程蕴涵的思想政治教育资源，修订各学科专业的人才培养方案，完善教学大纲，逐步形成课程思政建设的体系架构。在这个体系架构里，一方面，既有的思想政治理论课显性的思想政治教育功能要进一步强化；另一方面，原有的综合素养课和专业课潜在的思想政治教育功能要得到充分挖掘和深化，要把思想政治教育融入高校课程教学的全过程，所有任课教师在课堂教学中应当既在价值传播中凝聚知识底蕴，又在知识传授中强调价值引领。为此，需要建立一套完整的教学管理体系，健全课堂教学管理办法，完善课程设置管理和课程标准审核制度，优化教师培训和教学评价制度，落实校领导和教学督导听课制度等。

一、教材编写

教材是课程思政的重要内容，是育人育才的重要依托。建设什么样的教材体系，特别是主干课程传授什么样的教学内容，体现了知识的价值导向。教材建设是国家意志的体现，对意识形态属性较强的哲学社会科学教材和其他课程的教材都要深入研究"教什么""怎样教"等育人的本质问题。要集中骨干教师力量，统筹优势资源，推出高水平的教材。要加强教材建设，创新学科体系、学术体系、话语体系，在内容上应尽力避免脱离实际的"空话""大话"，增强学生成长成才的获得感。每一个学科都应当立足育人根本，用生动活泼的方式培养身心健康、态度积极的学生，同时在传授知识的过程中加强价值引领。通过集体备课，引入吸引学生的案例，融入时事政治中鲜活的育人元素开展课堂教学；要分步推进计划表，明确责任分工，设计好成果目标，借助教学大纲的编写，融合课程思政、工程认证和应用本科专业建设的要求，保持课程与专业建设共进方向。

针对各类课程的特点，研制教学指南与课程教学方案，在教学目标、教学内容、教学策略、教学案例等方面融入思想政治教育元素，将知识背后的价值、精神、思想挖掘出来，阐述清楚。在专业课中加强思想政治教育，要找好育人的角度，选取具有较强的说服力和感染力的教学内容，将课堂主渠道作用发挥到最大化。比如，理科着力于"追求真理、勇攀高峰"的科学精神，工科着力于"精益求精、追求卓越"的工匠精神，医科着力于"珍爱生命、大医精诚"的救死扶伤精神，等等。再如，每一个学科都有其代表性的权威人物，这些人物的奋斗历史就是非常好的思想政治教育资源。在专业课中实现科学教育与人文教育的融通，让科学精神与人文精神走向交融，让德育与智育同频共振，最终产生最好的育人效果。

与此相对应，马克思主义理论学科的育人方式也需要进一步优化。作为一个学科，马克思主义理论学科的育人方式要突出科学性，强调核心素养，遵循教育规律。马克思主义理论学科的建设要研究学科与全体学生的思想政治教育之间的关系，不可自视为学生思想工作的唯一阵地。如果学科根基缺失，则难以立足于课堂。要在遵循社会发展逻辑、人的认知逻辑和成长逻辑的基础上，在社会主义核心价值观的统领下，统筹设计，制定分层教学目标。马克思主义理论研究和建设工程教材（简称"马工程教材"）的编写要结合实际、持之有据、有说服力、站得住脚，把对理论的深度阐释和内容的简单易懂有机结合起来。

二、教学设计

要把思想政治教育有效融入教学全过程,教学组织设计尤为重要。为此,需要主要考虑教学主体、教学内容管理、教学过程管理三方面的要素。

在教学主体方面,要特别注重发挥高校马克思主义学院在课程思政工作中的协同引领作用,构建思想政治理论课与其他哲学社会科学的协同创新机制,形成科学化、标准化、精细化的建设管理办法,不断加强课程思政教育教学过程的科学化、规范化建设。

在教学内容管理方面,要明确学校所有专业课都应有的育人职责和功能,注重在传授专业知识和技能的过程中加强思想政治教育。围绕思想政治教育目标,对照思想政治教育核心内容,全面修订学科专业人才培养方案,针对具体课程编制课程思政教学指南。针对意识形态属性较强的哲学社会科学课程,始终坚持马克思主义的指导地位,充分挖掘其中蕴含的思想政治教育资源。深化哲学社会科学教育教学改革,建立健全、符合国情的哲学社会科学人才培养质量标准体系。此外,高校哲学社会科学相关专业应当统一使用马克思主义理论研究和建设工程重点教材。

在教学过程管理方面,要修订完善教学大纲,健全课堂教学管理办法,完善课程设置管理制度,建立课程标准审核和教案评价制度,落实校领导和教学督导听课制度。要逐一梳理课堂教学所有环节,深入挖掘专业课的思政育人内涵,细化课程思政具体目标,制订高校课程思政教学规范,做到有章可循的规范化、制度化。

三、评价反馈

由于思想政治教育的复合性,我们很难将学生思想政治素养上的发展归功于某个单一方面的工作。换言之,思想政治理论课教师、专业课教师、学生工作队伍(辅导员、班主任等)和其他管理服务岗位教师的工作往往会产生叠加效应,很难区分哪些变化是由什么方面带来的。但这并不意味着不可以进行评价,课程思政的评价要围绕教师、学生、教育内容和教学方式等方面,采取特色化的指标进行评价。这就要求评价的指标体系应该全面和多样,以保证评价的客观性、全面性和机制科学性。

（一）合理确定评价主体

课程思政工作是通过教学活动和管理活动的合力推动来开展的。因此，其评价主体应该包含学生本人、班级评价小组、专业课教师、专业课的管理人员、思想政治理论课教师、辅导员等。课程思政工作的评价应当围绕专业课教学中为践行课程思政理念设定的内容和相关标准，由各个主体独立评价；在协商的基础上，最终形成综合性的评价，并对取得的成效和原因再进行拆分细化。当然，这种做法难免带有武断性，但为了明确在专业课教学中践行课程思政理念的效果，以便不断优化改进，这种分割有时也是必要的。

（二）科学设定评价维度

在实施评价的过程中，我们也要根据评价主体的不同而分别有所侧重，体现出不同的视角，以保证评价的全面性和科学性。其中，专业课教师主要对学生在学科学习中所表现出来的情感、态度、价值观的变化，对学科专业的忠诚度、对学科专业价值的认知、学科专业方面的操守（伦理）、对与学科专业相关社会现象的分析能力等进行评价；学业导师更为侧重对学生学业理想、学业价值、未来的职业选择、个人学业与社会发展的关系认知等进行评价；思想政治理论课教师更为侧重社会主义核心价值观对学生专业思想引导的评价；辅导员更为关注学生学业行为的变化，如积极性、主动性以及对专业相关活动的参与度、与专业相关的社会活动尤其是公益活动的参与度。最终，以上多方面的评价将综合形成总评。

（三）系统开展评价活动

对学生发展的评价，往往和对课程思政自身的评价是结合在一起的，因而这类评价是一种系统性工作，需要周详规划。思想政治素养的提升是一个循序渐进的过程，在评价的原则上，其评价首先要注重定性评价而非定量评价，应注重过程而不应该唯结果；应遵循发展的原则，即关注学生纵向的自我发展，尽量减少横向比较。在评价的标准与方法上，任何课程都有其思想政治教育的诉求，课程思政也应该基于这三个层面开展效果评价，并据此制定相关标准。在评价的方法上，可以采取思想政治素养发展档案法、关键事件法、评价量表法等。其中，思想政治素养发展档案法是指为学生建立课程思政档案袋，记录涉及思想政治教育的环节，形成纸质文档存储，便于评价之用。在评价的运用上，最直接的运用就是改进教学、提升教师的思想政治教育能力，另外，还可以运用到课程设计的改进、评价标准的改进以及制度的完善等方面。

（四）健全评价督查机制

为保证课程思政工作的持续推进，我们需要在教师评聘考核体系中大力强化对思想政治工作的考量，健全高校课程思政教育教学体系建设的评估督查机制，将课程改革情况列为学校办学质量评估考核的重要指标，列为评价和衡量学校领导班子工作业绩的重要内容，纳入学校党建和思想政治工作督导评价体系。学术评价体系是学者开展教学和科研的"指挥棒"，要转变重科研、轻教学的评价体系，侧重教学的过程评估，要将评价体系的重心落在"立德树人"的总任务上，以学生成长和发展为标准，完善教师职称聘任的评价体系；要有序淡化文章数、项目量、人才计划头衔等科研考核指标，转向以教学质量为重心，以学生成长发展为标尺的评价指标体系，使教书育人与实践育人相统一，让思想政治教育内化于心，外化于行。对教师为学生做心理咨询、积极投身教学竞赛等育人实践成果要给予充分的认可，并将其纳入教学评价考核体系中，鼓励广大高校教师将育人的使命牢记于心，将更多的精力和热情投入育人事业。

第五节　不断推进教师队伍建设

课程思政强调所有的教师都有育人职责，强调团队合作。课程思政工作的推进需要整合思想政治理论课教师、专业课教师、学生辅导员和班主任队伍，组建多学科背景互相支撑、良性互动的顶尖师资课程教学团队，将思想政治教育工作贯穿教育教学全过程，同时坚持知识传授和价值引领的统一，实现全员育人，全方位育人，全过程育人。办好思想政治理论课的关键在于发挥教师的积极性、主动性、创造性。教师要给学生的心灵埋下真善美的种子，引导学生扣好人生第一粒扣子。为此，我们要着力提升教师的育人意识与能力，加强教师队伍建设，使教师做到教书和育人的高度统一。实施课程思政，就是要求所有任课教师不仅要在思想认识上形成全员育人的共识，也要在专业发展上具备有效育人的能力，将育人要求和价值观教育内容融入自身的教学体系。本节主要从专业课教师和高校辅导员两个方面对教师队伍的建设展开分析研究。

一、提升专业课教师队伍建设

（一）提升专业课教师对课程思政的价值认同

教师是推进课程思政工作的关键因素，课程思政的工作效果直接取决于教师的育德意识和育德能力。为此，教师必须自觉树立牢固的育德意识，时时处处体现育人的职责，扭转重传授知识与能力、轻价值传播与引领的倾向。

一方面，要始终坚持以马克思主义理论为指导，深入推进课程思政工作。课程思政离开了马克思主义理论的指导，就是无源之水。课程思政是将马克思主义理论贯穿教育教学和科学研究全过程，深入挖掘各类学科的思想政治理论教育资源，从战略高度构建"三位一体"的思想政治教育课程体系，促使各专业的教育教学、各专业的任课教师都乐于、善于运用马克思主义立场、观点和方法，探索实践类课程与思想政治理论课同向同行、形成协同效应的道路。各学科教师在课程教学中要始终坚持以马克思主义理论为指导，努力发挥马克思主义理论对学科课程的牵引和带动作用，围绕马克思主义理论学科的创新和发展、马克思主义及其中国化的最新理论成果进行学科交叉的课题研究，并把科研成果转化为教学内容。

另一方面，要消除部分教师对课程思政的误解，帮助教师明确思想政治教育与专业课之间的关系。要通过多种途径，帮助专业课教师明确课程思政对于专业课的知识、能力、情感态度、价值观等方面的教育一体化的作用，帮助其加深对课程育人要求和价值的理解，明确课程思政对学生科学思维训练、人文素养提升和价值观塑造的重要性。要让专业课教师认识到思想政治教育不仅不会干扰专业课自身的教学活动，减弱教学效果，相反还会提升教学的思想性、人文性，深化教学的内涵，提升教学的效能。最终的目标是要让专业课教师形成一种思想观念，那就是——不能只做传授书本知识的教书匠，而应坚持教书和育人相统一，成为塑造学生品格、品行、品位的大先生，要把知识传授、能力培养、思想引领教育融入每一门课程的教学之中，在每一门课程中均发挥育人的功能。

（二）提升专业课教师课程思政的教学能力

课程思政的建设最终仍需要落实到教学主课堂上，因此，教师队伍的建设尤为关键。从现状来看，专业课教师对于课程思政教学目标的实施仍存在思想政治教育意识和能力欠缺的现象，这为提高课程思政教学的质量带来了挑战。如何实现专业课教师对思想政治教育内容的善教，已经成为课程思政推进过程中的重大课题。

只有实现专业课教师对课程思政工作的胜任，才能真正提升课程思政的育人能力。为此，我们要注重开展对包括专业课教师在内的全体教师的日常培训，将育德意识与能力建设全方位落实到各个相关环节，在新进教师岗前培训、教学督导随堂听课、教学技能竞赛、日常政治学习、研修培训等方面强化"传道"意识、提升"传道"能力，引导广大教师担负起育人责任。每门课的授课教师不仅要传授好书本知识，也要注重塑造学生的理想品格，成为学生健康成长的指导者和引路人。

依据教师课程思政中需要具备的能力，可以构建教师课程思政教学能力TPACK（整合技术的学科教学知识）模型。

首先，教师的育人能力素质是整个结构框架的基础。第一，教师自身要有高度的教育理想和崇高的育人使命；第二，教书育人要有温度。人工智能无法替代教师的原因之一就是教师是有感情的人，对学生的爱是有温度的；第三，教师应该具备终身学习观，该观念是育人能力素质的核心。教师通过学习共同体进行跨学科、跨领域的合作交流，在发展自身专业素质的同时，也能被优秀同行的言行所感染，进而督促自己成为教学追求有高度、学术专业有深度、育人素养有温度的优秀教师。

其次，内容知识（CK）是框架结构的基本要素之一。学科专业知识是教师教学能力框架中尤为重要的内容之一。具体包括：一是课程专业知识。即教师在特定学科领域中所具备的知识和技能。如教师在讲解语言文化知识时，可以引导学生坚定对中国文化的民族自信并使其具备国际视野。教师只有具备扎实、有深度的课程专业知识，才能更好地梳理出教学内容背后的人文性和思想价值，提升课程的引领性、时代性和实效性。二是跨学科知识。它实际上也属于教师的本体知识，如英语教师应掌握的跨学科知识包括语言学、文学理论、跨文化交际等方面的知识。三是思政理论知识。它包括马克思主义基本原理、习近平新时代中国特色社会主义思想、社会主义核心价值观等方面的知识；教师只有恰当地有机融合课程专业知识、跨学科知识和思政理论知识，才能在拓展课程广度和深度的基础上尽力挖掘出课程知识所蕴含的思政元素。

再次，教学法知识（PK）是框架结构的基本要素之一。具体包括：一是课程思政教学设计和实施能力。教师在设定教学目标时应有高度，从传授知识转向学科核心素养的培养，力求把知识转化为学生自身必备的关键能力和品格德行。教师应具备创设教学真实情境的能力，让其在解决情境问题时获得自我成长。教师要具备挖掘育人元素的能力，并能善于整合、编辑和创新教学资源。二是课程思政教学策略能力。教师要能够运用不同的教学策略进行组织教学，使课堂思政内涵融入课程教学的方式多元化和情境化。三是课程思政评估测试能力。教师应构建新的评价体系，坚持显性与隐性评价（思政功能）相结合的原则。评价手段可以多元化，包括作品展览、课堂报告、汇报表演等。评价维度可以多样化，包括如思想、行为、感受、认知、交往等。教师还应具备设计评价内容的能力，因为评价内容也会反过来促进学生的学习。四是课程思政教学反思能力。教师应不断审视自己在教学中融入思政元素的教学行为，及时调整不足之处，并通过现场观摩教学、跨区域和跨学科同行之间的经验交流提高自身的课程思政能力。

最后，技术（TK）是框架结构的基本要素之一。教师的数字素养是课程思政的保障。一是教师应具备数字化意识，认识到数字技术给教学带来的挑战和机遇，有主动学习和使用数字技术的意识，以及具备融数字技术于教学的决心和信心。二是教师应具备数字技术的知识和技能。如了解AR、VR、MR、区块链技术等概念，掌握使用这些数字技术、数字化设备、软件和智慧教育平台的技能。三是教师应具备数字化应用的能力。这也是利用数字技术协同育人的具体表征。比如，教师可以搭建虚拟和现实相融合的育人场景，更好地激发学生兴趣，提高其参与度，并引导学生深入思考。又比如，技术赋能的教学资源呈现出了多模态化、情境化、具身化的特征，能够使课程思政内容的表征形式更加逼真和有效，直接影响着师生的感知方式和教学效果。再如，人机协同的数据分析拓宽了课程思政的评价方式，通过深度刻画学生画像，实现了课程思政育人成效的动态、精准以及富有智慧的评价。

根据TPACK框架，上述提到的三个基本要素还会形成PCK（学科教学知识），其核心内容是教师在进行课程思政教学时，可适应不同知识点并链接学生先前的知识，将晦涩的学科知识转变为学生易于理解的学科知识，成为精于传道授业解感的"大先生"。TCK（整合技术的学科内容知识）是指，"技术的应用会影响或改变学科内容，教师应对这种改变或影响有更深的理解"[①]。教师在进行课程思政时，需要有能力根据教学目标和学生需求选取合适的教学内容，从而适应其教学技术。TPK（整合技术的教学法知识），强调"数字化技术应用于教学过程中，教师的教和学生的学都会发生改变"[②]。因此，教师需要对 TPK 有更加深入的理解，从而使教学法与教学技术更好地匹配起来，进而有利于促进学生综合能力的提升和情感品行的完善。

该框架将课程思政融入课程教学建设的全过程，既包括了教师课程思政教学设计和实施等外在教学行为所应具备的知识框架和教学能力，也包括了教师的主体意识和态度等内在心理特征，符合上述对教师课程思政教学能力内涵的界定以及其动态性、协同性及情境性的特点。

在新时代，总体来说，教师课程思政教学能力的培养策略主要如下。

1. 塑造课程育人的主体意识

首先，推动育人与育才相结合。教育不仅仅是知识的传递，培养有创新思维、有独立思考能力的人才是有意义的教育。例如，数学教师身体力行地传达在解决难题时应拥有独立思考、积极探索和坚持不懈的品质，这正是教师通过自己的教学、言行、态度引领学生成为优秀的人、有智慧的人，从而实现育人目标的做法。

其次，建立和学生良好的交互关系。教师与学生在教学相处过程中形成的人际互动和应变能力是引导学生明确自己价值观的重要工具。此外，教师的外在面貌、精神能量以及对学生的态度都是影响学生行为规范的重要因素，能起到启智润心的育人作用。

2.PCK 为核心：找准课程思政的育人角度

PCK 强调学科内容知识和教学法知识的耦合，教师只有具备完备的学科知识体系，才能深入挖掘出育人元素，才能在不断创新的教学策略和多样化的教学活动中自然地融入这些思政元素，这是有效思政教学的基础。其中，梳理分析教学内容、找准课程思政的育人角度是课程思政的起点，是主要抓手。教师在设计教

[①] MSHRA, P, KOEHLER MJ.Technological Pedagogical Con-tent Knowledge: A Frame work for Teacher Knowledge[J].Teachers College Record, 2006（6）: 1017-1054.
[②] MSHRA, P, KOEHLER MJ.Technological Pedagogical Con-tent Knowledge: A Frame work for Teacher Knowledge[J].Teachers College Record, 2006（6）: 1017-1054.

学方案时，不能只着眼于该单元的育人目标，而应通盘考虑国家层面、学校层面、课程层面、课程具体单元层面四个层次的育人目标。教学内容的设计应有序呈现并层层深入，且经过教师剪辑适合学生需求、条理清晰的教学内容更容易帮助学生进入教学场景，进而使学生在不知不觉中既掌握了知识，又培养了高阶思维能力、树立了正确的价值观等。

3.TCK 为载体：多模态创建课程思政教学资源

通过整合 CK 和 TK 形成 TCK，能够利用数字技术多模态地表征课程思政的教学内容。同时，教师在这个过程中表现出来的数字素养也能提升学生的数字素养。目前，很多课程的教学资源并没有融入思政元素，即使有，也是教师随意、零星的经验，并没有体系化。教师可以组建两类资源库：一是纯粹的思政内容。教师可以挑选一些适合的内容制作成微课、视频课、PPT 等，真正对接思政课程，在拓展学习的同时形成育人大格局；二是提炼、整合、加工课程内的思政元素，制作成微课、音频、文本、图表等，保证课程涉及的思政元素逐步形成一个相对完整的体系。例如，英语教师可以把中国优秀文化（如儒家经典句子、传统节日等）、社会主义核心价值观等内容制作成英语微课、PPT 或视频资源。当然，这一类资源是拓展资源，并不用于专门讲解思政内容，而是教师在进行教学设计时预计与学生共享的资源。可通过进行点餐式的搭配，让学生能多感官、多渠道地获取信息。此外，如果讲解感恩节主题，教师可让学生模仿制作多模态教学资源，引导学生以团队合作形式制作中国传统节日的 PPT 或中西传统节日对比的短视频，在完成任务的过程中培养学生的实践能力和思辨能力。

4.TPK 为关键：润物细无声地渗透思政元素

TPK 强调整合技术的教学法知识。

首先，人工智能时代，数字技术的运用使传递思政元素的方式有了更多的可能性，如搭建虚拟与现实相融合的育人场景，推动了学习和课程实践的双轮驱动，使得育才质量获得了提升。

其次，"智能 +" 时代为多种模态的融合提供了更多的可能性，如具备沉浸式体验感的远程实验实训、VR/AR 课程、全息影像等新型媒介，能够更加逼真地表征教学内容和教学情境，对学生产生多感官刺激，帮助学生积累更丰富和更鲜活的认知体验，直接影响着师生的交互方式和教学效果，通过隐性教育达到育人的目的，确保知识传授与价值引领的相统一。但目前，专业课程融入思政元素的虚拟仿真中心或VR/AR课程还存在很大不足，无法让学生身临其境地感悟具体专业课程中的思政元素。

最后，教师应自我发展PCK、TCK和TPK。比如，技术赋能的虚拟场景设计要有趣、有用，紧密联系实际生活；多模态教学内容、问题的驱动和列举比照要有趣，激发学生的兴趣和内驱力。这些都是学生在完成教学活动中获得满足感的方式，只有变"要我做"为"我要做"，学生的认知、情感以及必备品格才能得以发展，这样的课堂才是切实有效的。

5. 联动为保障：建立云教研和云育人共同体

人工智能时代，利用技术可以组建云教研和云育人共同体。学校通过统筹优质师资，可将学科教师、思想政治教育教师等资源联合打造成"多主体"的云育人共同体。其中，学科教师和思政教师交互：学科教师学习思政知识，提升自身思政修养。因为教师的理想信念和道德情操会对学生的成长产生巨大而深远的影响；师生之间交互：育人共同体中优秀学生也可以起带头示范作用，其他学生和教师也可以从他们的言行和提供的生活案例中有所收获；学科教师之间交互：教师间共同讨论梳理教学内容中的思政元素，互相学习，优化教学设计，共建多模态思政教学资源、共享教学实验数据等。

当然，初级阶段的云育人共同体需要优秀教师积极发言、进行引导，但随着交互过程的推进，其他参与者也会不自觉地主动参与到其中。于是教师自身的理想信念、育人意识、教学意识和师德风范不断得以内化，进而实现师生群体智能的建构，使得师生间达成共识。

二、提升高校辅导员的队伍建设

高校辅导员是开展大学生思想政治教育的重要力量，承担着大量的、一线的思想政治工作。目前，我国高等教育呈现出大众化趋势，在校大学生的数量逐年增加。大学生是非常宝贵的人才资源，他们的思想道德、科学文化素质与我国现代化的建设和发展息息相关。所以，在对高校思想政治教育的指引上，辅导员肩负着重要的职责和使命。

要提升高校辅导员的能力，提升高校辅导员的队伍建设，需要做到以下几点。

(一)组织在个体角色建构中的策略

在角色建构中,组织需要定义角色的合法性、分配角色并对角色进行评估。在辅导员的角色建构中,组织可看作是教育行政主管部门和高校,教育行政主管部门负责定义辅导员的角色期望、提供辅导员职业发展的支持;高校负责分配辅导员的角色并对角色实践情况进行评估。在辅导员的角色建构中,组织需要采取减少辅导员角色期望的多样性、提高角色领悟的充分性、减轻角色实践的繁重性、营造辅导员良好的工作和学习氛围等措施,来帮助新时代高校辅导员进行角色建构。

1. 减少辅导员角色期望的多样性

辅导员的角色期望是因时而进、因势而新的,新时代辅导员的角色期望有其发展性、多样性和冲突性的特点。在新时代高校辅导员的角色集中,包含9个不同领域的角色,这些角色包含了"事务性工作者""理论和实践研究者""教师""朋友"等性质不同的角色。"事务性工作者"需要个体耗费大量的时间和精力,重复性极强;而"理论和实践研究者"需要个体静心于理论研究,要求个体富有创造性。这两个角色对其扮演者的要求相差甚远,因此辅导员在扮演"事务性工作者"角色的同时难以再扮演好"理论和实践研究者"的角色。"教师"为人师表,需要具备一定的理论知识和丰富的实践能力,为学生传道授业解惑,是师者和长辈;而"朋友"是建立在双方平等基础上的身份,要求双方有一定的相似性,是伙伴和同辈。因此,辅导员在扮演"教师"角色的同时难以再扮演好"朋友"的角色。新时代高校辅导员角色的发展性导致其角色集的多样性,而角色集的多样性又导致了其角色的内在冲突性。在国家和社会赋予辅导员的角色期望不能改变的情况下,配置班主任和辅导员助理来承担部分角色,是减少辅导员角色期望多样性的另一种途径。班主任和辅导员助理可以扮演"学生日常事务管理者"的角色,协助辅导员开展入学教育、毕业生教育、勤工俭学活动及相关管理和服务工作,协助其安排军训,办理各类奖学金、助学金、助学贷款的事宜,为学生提供生活指导等。

2. 提高辅导员角色领悟的充分性

辅导员的角色领悟决定其角色实践,虽然现实情况中,领悟道德角色与实际角色间会存在偏差,但个体还是会在实践过程中努力扮演好自己认为应该扮演的角色。要致力于提高辅导员角色领悟的充分性，就需要结合辅导员的职业成长环境、成长路径，以及外部支持的需求来入手。高校要推动思想政治教育学科建设，加强辅导员专门人才的培养力度；建立职业准入制度，把好辅导员入口关；实现辅导员工作注册制，把好辅导员工作过程关；完善各级培训制度，加强辅导员培训力度；等等。这些都是组织提高辅导员角色领悟的有效策略。

（1）推动思想政治教育学科建设，加大辅导员专门人才的培养力度

和国外的大学生事务工作者不同，我国目前并没有对应辅导员工作要求设立的大学专业，也没有去培养专门的辅导员人才，大多数高校在招聘辅导员时也并不限制辅导员的专业，这就造成了新晋辅导员在扮演角色的初期无法深刻地认识角色期望，也因此无法完成自身的角色领悟。强大的学科支撑、连贯的人才培养路径是专门人才培养的决定因素。辅导员最初的职业角色为"政治引路人"，因此，思想政治教育学科作为其学科支撑有其历史性和必然性。但随着时代的发展，辅导员的角色也从单一角色转变为了9个角色，这种情况下思想政治教育学科的支撑是否足够？是否在时机成熟时可以将辅导员工作发展为学科的一个专业方向？辅导员工作的专业方向是不是社会学、心理学、思想政治教育学科的交叉学科？这些都是要求辅导员深刻领悟自身角色前需要解决的源头问题。

与此同时，博士培养作为辅导员高级专门人才的重要培养途径，应该在学术上、实践上为之创造良好条件。高校亟须一批既熟知从事辅导员职业相关的理论知识，又熟悉辅导员实际工作的博士生导师来加大对辅导员博士的培养力度，让理论走出书本，并和辅导员的工作实际紧密结合。高校要为博士生提供担任低年级学生辅导员的工作机会，让他们在实践中研究理论、创新理论，从而推动学科和专业的发展，进而加强辅导员整体的角色领悟程度。

（2）建立职业准入制度，把好辅导员的入口关

实现辅导员工作注册制，把好辅导员工作的过程关；完善各级培训制度，加大对辅导员的培训力度。建立必要的辅导员职业准入制度，可依据《高等学校辅导员职业能力标准（暂行）》的知识范畴进行专门考试，通过的人员方可取得执业资格证书，有执业资格的辅导员才能参加高校辅导员的选拔任用。职业准入制度能够让相关人员在成为辅导员之初就能充分知晓自我角色。采用全国统一的辅导员工作记录，由权威的机构进行记录和认证，使辅导员的管理过程实现统一化

和规范化,并针对不同工作年限的辅导员进行不同程度的角色领悟方面的培训。加强对辅导员科研项目和访问学者项目的支持力度,让更多的优秀辅导员在工作实践中接受高水平的学术指导,提高角色领悟水平,提高学术能力。加大思想政治教育工作专项博士的招生力度,让更多优秀的辅导员接受系统的学术训练,成为辅导员学术研究的先行者,进而推动辅导员整体角色领悟水平的提升。扩大辅导员短期国内外交流和短期培训的覆盖面,交流学习的机会应更多地向独立本科院校辅导员和高职高专院校辅导员倾斜,让他们能够在繁重的工作中进行学习交流,更好地提高他们的角色领悟水平。

3. 减轻辅导员角色实践的繁重性

辅导员在角色实践中都面临被繁重的日常事务性工作耗费掉大部分精力的情况,进而导致了其自我角色领悟和角色实践难以保持一致的问题。要减少辅导员角色实践的繁重性、提高辅导员角色扮演的充分性,需要采取划清辅导员工作界限和营造同向同行育人环境的策略。

(1)划清辅导员的工作界限

教育行政部门需要监督学校进一步明确辅导员的工作边界,避免辅导员工作的无限责任制;高校需执行教育部相关文件精神,按照规定足额配备辅导员,明确辅导员的工作边界,避免辅导员完全陷入日常事务性工作。

(2)营造同向同行的育人环境

坚持全员、全过程、全方位育人。把思想价值引领贯穿教育教学的全过程和各环节,形成教书育人、科研育人、实践育人、管理育人、服务育人、文化育人、组织育人的长效机制。专业课老师在教授专业知识中也有育人职责,需要"守好一段渠、种好责任田",使专业教育与思想政治教育同向同行,形成协同效应,减轻辅导员的工作压力。

4. 促进辅导员有效建构自我角色

在采取以上策略帮助辅导员减少角色期望的多样性、提高角色领悟的充分性、减轻角色实践的繁重性后,组织还应该采取构建辅导员工作团队、打通辅导员"多线"晋升通道的策略,来帮助新时代高校辅导员有效建构自我角色。

(1)构建辅导员工作团队

学校应培育辅导员工作团队,实现辅导员角色的单一化,尽量在配置一线辅导员时遵循事务性辅导员（本科生）和研究型辅导员（硕士、博士）相结合，初级、中级、高级辅导员相结合，以及不同专业教育背景的辅导员相结合的原则。

在日常培训中丰富培训的层次和内容，满足处于不同发展阶段的辅导员的需求。引导不同年限的辅导员结合自身特长进行职业规划，鼓励他们坚持某一专业领域的研究，成长为这一领域的专家。将一个基层教育单位的辅导员团队，培育为九个角色均有专家的专业学生事务管理团队，以指导学生解决成长过程中的不同困惑。

（2）打通辅导员"多线"晋升通道

教育行政主管部门需要督查高校将《普通高等学校辅导员职业能力标准（暂行）》《普通高等学校辅导员队伍建设规定》中的人员配置、职称评聘等政策落实落地，避免出现政策"空转"的现象。高校要落实辅导员职称评聘单列计划、单设标准、单独评审，评审过程应充分考虑辅导员工作的特殊性，不能将其简单地统一到专业教师序列去一概而论。各学校应根据自身情况制订辅导员评级定级细则，各级对应相应的职级待遇，让辅导员职务晋升不单为狭窄的"机关"途径，而是形成辅导员职称、职务、职级的"多线"晋升通道，稳定辅导员队伍，做好辅导员专业化、职业化发展的导向。

（二）个体在自我角色建构中的策略

1. 寻找工作中的合力来减少角色期望的多样性

辅导员是高等学校教师与管理队伍的组成部分，是大学生思想政治教育工作团队中的一员，辅导员需要和职能部门配合、和其他辅导员配合、和专业课老师配合，共同做好大学生思想政治教育与管理工作。同时，面对烦琐细致的日常事务性工作，辅导员可以通过建立学生干部团队或兼职辅导员团队来分担部分工作，在培养学生干部的同时释放自己的精力，将精力更多地分配到其他更为重要的角色实践上，如学生的思想政治教育与引导、班级管理的顶层设计、特殊学生的关注等工作。

2. 加强业务学习和理论研究来提高角色领悟的充分性

辅导员在工作过程中，将会面临来自国家、社会、学校、家长和学生等方面的多重期望。国家和社会期望辅导员将大学生培养为国家发展所需要的青年人才；学校期望辅导员配合学校各个部门完成大学生的育人工作；家长期望辅导员能够监督孩子圆满完成学业、锻炼自身能力，为未来就业、升学打下基础；学生期望辅导员能够关心自己的个性发展，为他们提供学习生活等各个方面的实际帮助。要实现以上的多方期望，需要辅导员明确自身职业界限，并熟知职业理论、法规和知识，充分认可自身的9个角色，这也是辅导员能否实现角色期望的前提与起点。

辅导员可以抓住国家在辅导员系统中发放的培养机会，如参加全国高校辅导员示范培训班、申报辅导员骨干专项课题和精品项目、参加辅导员工作创新论坛、在职攻读思想政治教育专业博士学位，等等。这些业务学习能够在不同程度上加强辅导员对自我角色的认识和认同，让其更为深刻地认识自我角色，为角色实践做好铺垫。

辅导员同时要提高"理论和实践研究者"的角色领悟程度，坚持在工作中进行科学研究。结合自身爱好提升职业能力，依据《高等学校辅导员职业能力标准（暂行）》中的9大职业能力，深入研究一到两个方面，如思想理论教育和价值引领、校园危机事件应对、心理健康教育与咨询等，开展结合实践的学术研究，申报各级课题，发表学术论文，提升自身的理论水平与科学研究能力。

3. **总结事务性工作的规律来减轻角色实践的繁重性**

总结事务性工作的规律，减少重复的事务性工作带来的精力磨损。整日处理烦琐无章的日常事务性工作，是大家对辅导员工作状态的普遍认知。而看似烦琐无章的工作，其实也有其固有的规律和章法，辅导员只需在工作中稍加留意和总结，就能事半功倍，减轻自身角色实践的繁重性。

4. **提高角色期望、角色领悟、角色实践的内在一致性**

辅导员面临着角色期望的多样性、角色领悟的不充分性和角色实践的繁重性等角色建构的困境，社会学角色理论认为，角色期望将决定角色领悟，角色领悟的程度又决定角色实践的情况。但是由于辅导员个体的差异和其工作环境的差异，三者难以在实际情况中完全保持一致。辅导员需要在组织的支持下，通过各种策略合理地减少角色期待的多样性，提高角色领悟的充分性，保持角色领悟与角色期望的一致性；减轻角色实践的繁重性，保持角色实践与角色领悟的一致性，从而呈现出理想的工作状态。辅导员要抓住新时代的新机遇，努力让个体蜕变为既懂思想政治理论、又懂工作实操业务；既能开展常规教育管理工作，又能应急处理各类危机事件；既能埋头事务性工作，又能提笔进行理论研究的新时代高校辅导员。在新时代高校辅导员角色建构的过程中，面临着角色期望的多样性、角色领悟的不充分性和角色实践的繁重性等困境，辅导员个体需要寻找工作中的合力来减少角色期望的多样性；加强业务学习和理论研究来提高角色领悟的充分性；总结事务性工作的规律来减轻角色实践的繁重性；提高角色期待、角色领悟、角色实践的内在一致性，抓住机遇建构个体角色；等等。这些策略赋予了角色更丰富的内涵。组织可以通过配置班主任和辅导员助理来减少辅导员角色期望的多样性；推动思想政治教育学科建设，加大辅导员专门人才的培养力度；建立职业准入制度，把好辅导员的入口关；实现辅导员工作注册制，把好辅导员工作的过程关；完善各级培训制度，加大辅导员的培训力度来提高辅导员角色领悟的充分性；通过划清辅导员工作界限，营造同向同行的育人环境来减轻角色实践的繁重性；通过构建辅导员团队，打通辅导员"多线"晋升通道来促进新时代高校辅导员自我角色的有效建构。

参考文献

[1] 上海大学课程思政教学研究中心. 课程思政教学设计 [M]. 上海：上海大学出版社，2022.

[2] 周乐成，陈艳波. 哲学教育与课程思政 [M]. 贵阳：贵州大学出版社，2022.

[3] 阚雅玲名师工作室. 课程思政探索与实践 [M]. 广州：广东高等教育出版社，2021.

[4] 蒋瑛. 高校课程思政的思考与探索 [M]. 成都：四川大学出版社，2022.

[5] 刘莉莉. 课程思政研究与改革实践 [M]. 北京：北京航空航天大学出版社，2022.

[6] 赵凌云，郝芳华. 课程思政教学研究与实践 1[M]. 武汉：华中师范大学出版社，2022.

[7] 李薇，沈大明. 多重视域下课程思政研究 [M]. 北京：中国轻工业出版社，2022.

[8] 程向莉. 大学英语课程思政教学案例集锦 [M]. 武汉：武汉大学出版社，2022.

[9] 陆官虎. 高校课程思政工作建设研究 [M]. 长春：吉林大学出版社，2022.

[10] 张娇. 课程思政育人实效性研究 [M]. 北京：中国纺织出版社，2022.

[11] 赵春澎，付升旗，王小引. 高等院校课程思政建设现状与策略浅析 [J]. 高校医学教学研究（电子版），2022，12（04）：61-64.

[12] 徐昕，杨蕾，陈东，等. 新工科背景下信号与系统课程思政教学探索与实践 [J]. 高教学刊，2023，9（16）：188-191+196.

[13] 赵月妹. 高职院校课程思政建设的策略——评《高职课程思政建设研究与实践》[J]. 教育理论与实践，2023，43（18）：65.

[14] 刘诗钰. 基于产教融合民办高校做好课程思政工作的路径思考 [J]. 湖北开放职业学院学报，2023，36（10）：89-91.

[15] 贾风珍.新时代教育评价改革背景下教师课程思政教学能力提升策略[J].湖北开放职业学院学报，2023，36（10）：92-93+96.

[16] 王露蓉.基于三全育人理念的高校"课程思政"教学模式探究[J].湖北开放职业学院学报，2023，36（10）：117-118+121.

[17] 陈英葵，孙国伟."三教"改革视域下中职课程思政建设路径研究[J].吉林工程技术师范学院学报，2023，39（05）：14-20.

[18] 杨蓓蓓，杨蕾蕾，李文璟.高校课程思政教学改革——以"客户关系管理"课程为例[J].西部素质教育，2023，9（10）：35-38.

[19] 李峰.高校专业课程建设中"课程思政"实施路径研究[J].科学咨询（教育科研），2023（02）：169-171.

[20] 王婷，谢夏明，谭长银.课程思政融入高校专业课程的困境与实现路径[J].高教学刊，2023，9（15）：13-16.

[21] 朱小君.高校课程思政资源共建共享机制研究[D].郑州：河南工业大学，2023.

[22] 张雪妍."拓展训练"课程思政体系建构及实施路径研究[D].北京：首都体育学院，2023.

[23] 张博.新时代高校"课程思政"建设研究[D].长春：吉林大学，2022.

[24] 王晓宇."课程思政"的价值观教育研究[D].长春：吉林大学，2022.

[25] 李若鑫.立德树人视域下大学本科公共体育课课程思政实施路径研究[D].郑州：河南大学，2022.

[26] 温向月.课程思政理念下社会主义核心价值观培养的教学实践研究[D].呼和浩特：内蒙古师范大学，2022.

[27] 刘可可.基于课程思政理念的体育学考核方式与命题要求研究[D].郑州：河南大学，2022.

[28] 张双.高校课程思政与思政课程协同育人研究[D].牡丹江：牡丹江师范学院，2022.

[29] 徐铁柱.高校思政课程与"课程思政"协同育人研究[D].沈阳：沈阳师范大学，2022.

[30] 赵维.课程思政视阈下B高专教师队伍建设研究[D].保定：河北大学，2022.